精装版

林徽因

人生不过一场绚烂花事

尹若雪 著

时事出版社
北京

图书在版编目（CIP）数据

林徽因：人生不过一场绚烂花事 / 尹若雪著．—北京：时事出版社，2018.3

ISBN 978-7-5195-0192-1

Ⅰ．①林… Ⅱ．①尹… Ⅲ．①林徽因（1904–1955）– 生平事迹 Ⅳ．① K826.16

中国版本图书馆 CIP 数据核字（2018）第 031881 号

出 版 发 行：时事出版社
地　　　址：北京市海淀区万寿寺甲 2 号
邮　　　编：100081
发 行 热 线：（010）88547590　　88547591
读者服务部：（010）88547595
传　　　真：（010）88547592
电 子 邮 箱：shishichubanshe@sina.com
网　　　址：www.shishishe.com
印　　　刷：三河市华润印刷有限公司

开本：880 × 1230　1/32　印张：8　字数：200 千字
2018 年 3 月第 1 版　2018 年 3 月第 1 次印刷
定价：39.80 元
（如有印装质量问题，请与本社发行部联系调换）

前言

林徽因，一个才貌双全、诗情洋溢、倾国倾城的民国奇女子，她是诗人、建筑学家、学者。她生在一个动荡而又温情的年代，用满腹才情和一身智慧演绎了一段传奇人生。

她的童年充满了温情的父爱，在青年时代又追随父亲的脚步踏遍了欧美。欧洲的游历生涯使她萌生了对建筑艺术的情愫，以至后来为建筑事业倾注了一生的心血和热情，并取得了非凡的造诣。在文学方面，她创作了大量的散文、诗歌、小说，在现代文学史上独领风骚。林徽因的一生是璀璨的一生，被掌声和鲜花包围，光彩夺目，引人翘首。

她如一杯芳香四溢的酒，纯正甘醇，沁人心扉；又如一朵白莲，亭亭玉立，纯美无瑕。她优美的风姿和动人的才情，让众多男子仰慕，为其倾倒。“你是爱，是暖，是希望，你是人间的四月天……”

“一身诗意千寻瀑，万古人间四月天。”她有惊世的才，倾城的貌，集高贵、美丽、睿智、才情于一身。她以花为貌，诗为骨，智为魂，以开阔的胸襟，绝顶的聪明，出众的才华和丰富的阅历汇成一股内在的精神气质，清然坦荡，为世人所叹。她让梁思成一见倾情，相守一生；让徐志摩神魂颠倒，追求一生；让金岳霖终生未娶，钟爱一生。她风华绝代，宛若白莲，是一个奇女子，在如诗如画的生命中上演了一段旷世传奇。当她告别红尘，谢绝芳华，有人说，“她终究是去了，世上不会也再不会有一个林徽因”。长路未央，伊人早已作别，只剩活着的人为其黯然神伤，失魂落魄。

本书用清澈的文字，诗意的笔法，全面详实的资料，生动地展现了林徽因传奇的一生，不仅写出了林徽因的生命历程，勾勒了她与梁思成、徐志摩、金岳霖等一批高级知识分子的多彩生活，还折射了一个民族时代的丽影。

在此，笔者特别说明一下，本书是《林徽因：人生不过一场绚烂诗事》（时事出版社 2013 年 9 月出版）的精装版，因原书广受欢迎，不少读者建议提高图书的制作档次，因此特重新审校后精装出版，以满足不同读者的阅读、收藏需求。

目录

目录

目录

第一卷

人间四月，相逢有情痴

「 第一节 」

江南烟雨，古韵佳人

江南美，所以孕育了众多美女。

杭州，这个千年古城，不仅沿袭着美丽和繁华，也孕育着文化和情怀，积聚着故事。

林徽因很幸运，出生在这个灵动之城，出生在这个承载着故事的地方。她宛若一个仙子在世间行走，留下一幕幕传奇。江南如梦，林徽因就是这个梦里的公主。

六月的杭州美不胜收，在这个莲开的季节，一个粉雕玉琢的小女孩来到了这个世界上。她的出生给这个家庭带来了欢笑和惊喜，美丽的容颜让祖父母非常喜欢，看着这个眉清目秀的孩子，祖父对她寄予厚望，所以给她取了一个美丽的名字“徽音”。后来因为和一个男性作者同名，所以自己改名叫“徽因”。

名字会影响一个人的一生，徽因这个名字很美，透着温婉与轻盈。这个名字，让她与三个男人纠缠在一起，让他们魂牵梦萦。徽因二字中“徽”为名，本意为美好的意思，就是用美来诠释她的一生，用诗意和美好来完成降落人间的使命。

她是幸运的，出生在这样一个家庭。林家祖籍福建，福建闽侯林氏是望族，但林徽因的祖父林孝恂这一支微沦为布衣。他年轻时做过富户人家的教书先生，已没有了养尊处优的公子生活。祖母是一个既高贵典雅又雍容美丽的女子，徽因的眼睛长得像祖父，脸蛋像祖母，继承了他们的优点。祖父母非常喜欢徽因，也许就是因为有他们良好的基因和儒雅的血统，所以徽因才拥有傲人的情和美丽的貌，才注定成为那个年代与众不同的女子，成为倾国倾城的才女。

林徽因从小对美的感悟就与别人不同，她六岁时出了天花，那个时候天花有一个很好听的名字“水珠”，她非常喜欢这个名字，静静地在屋里看着外面的行人，不知道这是一种病，只感觉是一种很美的事物，有人问她出“水珠”了吗？她会感觉很幸福，因为她觉得自己和美丽的词汇连接在一起。这样对美的感悟，仿佛是与生俱来的一种能力，在她还很小的时候就已经与众不同。

她的父亲林长民是清末民初政坛上的风云人物，是著名的学者和官吏，他的诗作和书法在其所属的文化圈子里很有名。林长民生在杭州，21 岁时通过生员的考试，进入杭州语文学校攻读英文和日文。家里为他娶了一房妻子，当妻子去逝时，他就纳了第二个妻子为他生儿子和继承者。这就是林徽因的妈妈，她生了三个孩子：一个儿子、两个女儿。可是儿子在襁褓中、第二个女儿在孩提时相继夭折。1904 年出生的林徽因是夫妻俩唯一活下来的孩子。

林家是个大家族，对于林孝恂而言，可谓儿孙满堂。幼年的林徽因和一群表姊妹住在祖父的大院里，她喜欢和表姐妹们在一起读书玩耍，她的启蒙教育任务落在同住一起的大姑母身上。大姑母是一个有内涵的女人，学习过很多知识，出嫁后依然常年住在娘家。几个女孩在一起，有的时候好的像一个人，有的时候又闹得不可开交，大姑母总是任由她们打闹。林徽因异母弟林暄曾回忆："林徽因生长在这个书香家庭，受到严格的教育。大姑母为人忠厚和蔼，对我们姊兄弟亲胜生母。"大姑母经常夸奖徽因聪明灵秀，一起读书的几个姐妹中，她年龄最小、最贪玩，上课时也不注意听讲，可是她却总是背书最好的，且清晰流畅。

也许这就是因果，冥冥中自有暗示，所以让林徽因出生在杭州，让她像白莲一样成长，卓然于世。孩提时的徽因就已展现出她的与众不同，她透出灵气和聪慧，仿佛是降落人间的精灵，只为了完成她到人间的使命。

与祖父母在一起的日子里，徽因非常懂事，因为在那个大家庭里，祖父母需要打理的事情太多，没有太多的溺爱。孩子们要想获得更多的爱，就要证明自己是一个懂事的孩子，做出很大的努力。

有了博学的祖父母的遗传和温柔姑妈的栽培，还有文化绅士父亲作为榜样，在徽因很小的时候就可以从她身上读到书香人家女子的清秀与内涵，尤其是姑妈的知书达理和温婉教导，为徽因日后成为一代才女做了良好的铺垫。她喜欢姑妈的赞美，所以也非常勤奋。离开父母生活的孩子，总会表现得很要强，不希望别人看到她内心的软弱，每当寂寞的夜晚袭来，他们也会感觉孤单。但为了得到更多的爱，她总是让自己表现得更出众。

8 岁时，父亲举家迁到了上海，徽因也得以在父母身边团聚。这本是徽因所期待的，可是她却没有寻到自己想要的快乐。虽然和父母相伴是她的梦想，可是家里不快乐的氛围却总在持续，让她超乎年龄的懂事，成为一个天才早熟少女。

谁人不曾年少，又有谁人不怀念美好时光。林徽因的生活里并非都是阳光，她的家庭也有让她早熟的因素和阴影。父亲娶了二娘之后，徽因的生活少了许多光彩。二娘生了四个儿子和一个女儿，在那个重男轻女的年代，二娘很快赢得了林长民的心。父亲和二娘住在宽敞的前院，那里到处都是孩子的欢笑声。徽因却和母亲住在后边的一个小院子里，那里只有母亲黯然神伤地流泪和数落不完的唠叨。

少女的心思，就像海棠花的心事，绵绵软软，却又有无限的韵味。那个时候她懂得，爱是一种莫大的幸运。

她知道，父亲不喜欢母亲。也许母亲是爱父亲的，可是单方面的爱只能是徒劳，在这世界上，没有什么是比爱情更大的灾难，时光一莞尔，就已经是物是人非。母亲的失落已经成为一种习惯，剩下的都是期盼，即使是眼已望穿，还会一直守望，执着着不知道是幸运还是不幸的等待。

曾经，林徽因的母亲也是林长民欣赏的类型，否则这个貌不出众、没有文化的女子如何能走进林家。徽因父亲觉得她果敢、率直，比起那些娇羞的女子更有一番韵味。可是结婚之后，一切都改变了，也许是打动他的东西太少，最后那一点好感也在思想无法达到默契后消失殆尽。

成长的过程总会经历挫折，在家庭的痛与愁的边缘，林徽因学会了爱和独立。即使父亲爱二娘，但他也爱自己的孩子，尤其是像徽因这么聪明懂事的女儿，不用他操心，总是把事情做得井井有条。

可是他不知道，这个内心迅速成长的女孩，心里永远有一份解释不通的痛，直至影响她的一生，影响她的选择。早熟的林徽因并不压抑自己的性格，相反，她努力地寻找让自己快乐的事物。

家里把她送进了有名的培华女子中学读书，重视教育的林家也把三位表姐妹都送进了培华女中。四姐妹个个亭亭玉立，美丽端庄，星期天上街常有轻薄男子尾随而来，于是不得不叫来身材高大的表兄弟充当保镖。培华女中是所教会办的贵族学校，教风严谨而得法，原本聪慧的林徽因受到良好培育，日后出色的英语就是来自于这里。她在女中里是出类拔萃的学生，能够进行简单的英语对话。

到不了的明天，忘不掉的记忆。伴随着每年的莲开莲落，在书香、墨香的陪伴下，林徽因渐渐成长为亭亭玉立的少女。

长到 12 岁的时候，林徽因就已经是远近闻名的美人了，顾盼生辉，明眸皓齿，虽然身体较为瘦弱，但五官长得非常好，配上她独有的气质，骨子里带着诗般的浓郁和典雅，所以常常惊艳四座。年少，是个美丽的季节，我们都很容易动情，为了花草树叶而欢喜或者忧伤，为了一场夜雨或莫名其妙的忧伤、惆怅。

一个多情的人，一颗敏感的心，在那个花一样的人生季节，怎能不绚烂多彩呢？林徽因的一切都被封存在四月天，燕子是她的邻居，白莲是她的知己，她在这本属于自己的美丽书里留下了艳丽色彩。在那个纷繁错乱的年代，林徽因依旧保持了她的阳光明媚，积极向上，直至成长为一个内心强大、魅力十足的女人。

虽然她还没有长到可以风华绝代的年龄，可是江南小才女的灵秀已经突显出来。有些人的美是与生俱来的，有些人的美是经过后天锤炼的，林徽因属于前者，不管时间如何变迁，她似乎永远清新如初。

有时候会觉得林徽因就是一个挥舞着魔棒的女人，宛若一个仙女，在自己的世界挥舞出奇迹，她离去后，那些美丽只能留在那个如诗的城市。

「第二节」

漂洋过海，烟雨重重

有人说三代培养出一个贵族，可见家庭环境对于一个孩子气质的培养有多重要，林徽因就是在这样一个深具文化气息的家族里成长的女孩，气质自然不同，所以才成为民国才女中的佼佼者。

林徽因的父亲似乎格外疼爱这个孩子，因为她懂事、聪明，便把她当做自己的知己、忘年交。徽因也不负重望，小小年纪就可以为父亲分忧，一双聪慧的眼睛透着超乎她那个年龄段的光，仿佛要看透世间的一切。

徽因对家庭的回忆仅限于父亲，那是第一个宠爱她的男人。她的父亲林长民是清末民初政坛上的风云人物，也是文化圈里的名人，很多人都喜欢他，徐志摩就是崇拜林长民的粉丝之一。林长民在司法总长任上与梁启超同僚，梁启超任财政总长。他们关系非常好，非常默契，意气相投，携手鼎力推动宪政运动，是政坛“研究系”

的两顶梁柱。

或许上苍为了平衡，既然给了林徽因一个十分优秀的父亲，那么为她安排的母亲只能是再平凡不过的女性了。林徽因生母何雪媛是妾，所以在那个年代徽因就是庶出，徽因妈妈生了三个孩子死了两个，徽因是唯一活下来的孩子。

宿命给我们的结局，只是叫我们摊开手心，但是里面是空洞的。生活的富足不能代替精神生活的满足，徽因过得不快乐，母亲是一个没有多少文化的女人，父亲又娶了别的女人，所以徽因一直活在父亲对母亲的不满，母亲对父亲的抱怨中。那仿佛是一种常态，也是徽因最不愿意看到的场面。

家庭环境的复杂，让她比其他孩子多了一份成熟的心思。母亲和二娘之间的矛盾，也让她的童年多了几分晦暗。她知道母亲对父亲的依赖缘于自己无法独立，所以她懂得独立的可贵，也知道自己将来应该怎样做。

林徽因的挚友费慰梅曾回忆：“她的早熟使家中的亲戚把她当成一个成人而因此骗走了她的童年。”“早熟”二字剥夺了徽因童年的美好。在某个未知的时刻，生命已经变成一种无法完成的救赎。在记忆里搜索着笑容，却只是一个人的荒原，一个人孤独地行走。

梁从诫回忆母亲时曾经说过：“她爱父亲，却恨他对母亲的无情；她爱自己的母亲，却又恨她不争气；她以长姊真挚的感情，爱着几个异母的弟妹，然而那个半封建家庭中扭曲了的人际关系却在精神上深深地伤害过她。可能是由于这一切，她后来的一生中很少表现出三从四德式的温顺，却不断地在追求人格上的独立和自由。”这是一种怎样的无奈，幸运的是这并没有影响林徽因人格的形成，她依旧是那个活泼可爱、开朗乐观的少女，把一切不快与阴影都埋藏在心灵深处。可是这种家庭环境还是潜移默化地影响了徽因对未来、对婚姻、对爱情的选择。

父亲时常在外，常留林徽因在祖父身边，她就像一个通信员，用她稚嫩的笔触为家人传递着信息。她六岁开始代笔为祖父给父亲写家信，俨然一个小大人。

内心成熟的孩子，常会表现得与众不同。12岁的徽因随全家从上海迁到北京，北京——这个与上海不同的城市文化底蕴很深，霸气的皇城让徽因感觉到了与江南两种不同的文化。

此时的徽因是一个聪明、有主见、能帮助料理家务的孩子。她看上去非常清瘦，所以亭亭玉立，柔美纤细。她非常懂事，能够帮着父亲照顾弟妹，林家人都说，徽因是父亲最喜爱的孩子。

徽因的进步让父亲林长民很欣慰，这时候的林长民正处于政治低谷期，被派到日本考察，一直想要女儿增长见识的他本想把徽因带在身边，可是未能达成心愿，这让林长民非常遗憾。他曾经在给林徽因的信中写道："每到游览胜地，悔未携汝来观，每到宴会又幸汝未来同受困也。"不管相隔多远，父亲对女儿的溺爱之情溢于言表，他希望宠爱着女儿，希望她有见识。

1920年，林长民又要去欧洲，这次他实现了自己的夙愿，终于可以带着心爱的女儿去周游世界，增长她的学识。这是一次远行，是一次让林徽因终生难忘的经历。读万卷书不如行千里路，确实如此，这是一段让人称奇的经历：她从此告别了少女时代，也让她成为和其他民国才女不同的女子，成为才女之首。

当父女二人踏上法国游船时，林徽因非常兴奋，因为这是她第一次远行，可以去见识世界，去寻找更广阔的空间。这是她第一次坐船，一望无际的大海让人的心胸也开阔起来，仿若过去的自己像一只井底之蛙。

那些烦琐事情都变淡了，消失在海天相接处。他们周游了欧洲，去了很多地方，林长民带徽因见了很多名人，作为随行的唯一女性，徽因表现得落落大方，像个女主人，虽然她才只有十几岁。林徽因独有的优雅气质，骨子里透着东方的诗韵和典雅，让很多西方人记住了这个小女孩。

林长民用的是一种开明的教育方法，让女儿受益无穷。林长民带着徽因游历了法国、意大利、瑞士、德国、比利时，西方文化和科技的发展让徽因学到了很多。林长民还带着女儿参观了很多文化古迹，甚至有林徽因根本不感兴趣的工厂和报馆，每一处参观都给她不一样的感觉。

徽因跟着父亲游历欧洲大陆，先后到过巴黎、日内瓦、罗马、法兰克福、柏林、布鲁塞尔等城市，每一个城市都那么美，看过巴黎的浪漫风情，瞻仰过威严的罗马帝国，还有属于欧洲特色的古堡与建筑，这一次远行让徽因告别了青涩的少女时代。新的世界，新的人物，让她深深眷恋，让她过目不忘，古老而迷人的欧洲像是一幅画，散发着高贵而迷人的气息，吸引着这个美丽的姑娘。

这个爱学习的小姑娘领略了各地的风情、增加了阅历，不断扩大自己的视野。与同时代的女孩子比，徽因的起点比较高，是其他女孩无法比拟的。

徽因发现，这个世界原来是那样庞大，她被异国的风情彻底征服了，原以为江南已经很美，到过欧洲才发现，原来江南只是一种淡雅风情，她似乎爱上了建筑，体会到了建筑的震撼力量，也许她日后的事业选择和父亲带她到欧洲的这次游历有很大的关系。

漂洋过海是那个年代的时尚，很多年轻而又有才华的人都被家里送到外国去汲取营养，徽因也适应了潮流，在浩瀚无际的大海上航行时，她清楚，和整个空间比，自己就宛若那一朵朵浪花，但浪花也有浪花的精彩，也要做到与众不同。

林长民喜欢在家里宴请客人，因为夫人不在身边，小小年纪的徽因就充当了主妇角色，这也是她交际的开始。小徽因大家闺秀的举止和气质让林长民的朋友印象深刻，也让很多林长民的朋友喜欢上这个小女孩。在徽因的世界里，她没想过要风要雨，只想在自己素淡的世界里做梦，浪漫地生活。

在伦敦一年的时光里，林徽因最重要的功课是社交，在慢慢的累积中，她不再是端茶倒水的女仆，而是像个女主人一样优雅地端着下午茶穿梭在客厅，落落大方地和客人攀谈。

林长民很忙，所以很多时候，徽因都是自己一个人度过的，守着壁炉，静谧地喝着咖啡，看着纯英文的书籍。很多名家的著作徽因都是在那时候阅读的，小说、戏剧，她都有广泛的阅读兴趣。

这个美丽寂寞的少女，守着伦敦的雨雾，期待着一个美丽的约会，希望在这座城市可以有人陪她在烤面包的香味中喝咖啡，可以和她畅所欲言品诗品文学，她期待着、寻觅着，希望可以有人在伦敦的烟雾中与她共筑一帘幽梦。

有缘的人总会在不远的地方等着，如果童话可以出现，徽因愿意做一次公主。

「 第三节 」

康桥之恋，为伊沉沦

伦敦，本来没有那么美，因为有了徐志摩，有了这段爱的佳话，连雾都美了起来。

他们的爱是缘分，也是命中注定，就像贾宝玉和林黛玉，是前世欠下的情债，所以此生来还，只不过这次来还债的是徐志摩。

他们的相逢也许是千年前种下的蛊，让人深深沉醉，并且沉醉到生命枯竭。每次想到林徽因，我们就总不自觉地想起她的美。她是从徐志摩诗歌中走出来的女子：从他们相遇的那刻开始，她就摆脱不掉成为诗人心中永恒的素材和寄托的梦想，一个被诗人无数次理想诗化的女子，一个现实而梦幻的女子，一个让诗人关心了一辈子的女人。

林徽因是一个感情丰富的女孩，在英国居住的两年，她非常寂寞。那时她只是一个十六七岁的女孩，一个人在陌生的城市，远在天涯异乡，父亲很忙，她只有自己孤单地打发从早到晚的时光。

她这样回忆那时的情景：“我独自坐在一间顶大的书房里看雨，那是英国的不断的雨。我爸爸到瑞士国联开会去，我能在楼上嗅到顶下层楼下厨房里炸牛腰子同洋咸肉。到晚上又是在顶大的饭厅里独自坐着，一个人吃饭，一面咬着手指头哭——闷到实在不能不哭！”

这时候一个人出现了，出现在徽因孤寂的生活中。“金风玉露一相逢，便胜却人间无数。”徐志摩和林徽因第一次见面是偶然的，就像偶尔交汇的两片云。徐志摩本是一个洒脱的人，可是这次的相遇，他没有做到那么洒脱，他忘不掉她，一辈子都没有忘掉。

徐志摩说：“我将于茫茫人海中访我唯一灵魂伴侣，得之，我幸；不得，我命。”而她，就是林徽因，是他一辈子的灵魂伴侣。

那是一个让他们都终生难忘的日子，1920 年的 11 月 16 日，从早上到下午一直都是雾蒙蒙的天气。在英国伦敦经济学院留学的江苏籍学生陈通伯，把一个高高瘦瘦飘然长衫青年，带到了他们父女的公寓，他就是徐志摩。就这样，他认识了林徽因父女。他一直非常崇拜林长民，喜欢他的演讲和学识，所以托人介绍，进入了林家公寓。

那天，徐志摩也见到了让很多青年男子倾慕的林徽因，这一年她 16 岁，是一个风姿绰约的纯情少女。徐志摩比林徽因年长八岁，是一个男人最美好的年龄，风流倜傥，才华横溢，很多红颜佳丽为他动心。

徐志摩是一个有魔力的男人，很有感染力，就连林徽因的父亲也非常喜欢他，林长民和徐志摩成了无话不谈的好朋友，他们谈的非常开心，相通的话题也非常多，林长民经常在徐志摩面前谈起他的“徽徽”，这是徽因的乳名。

林长民经常骄傲地说："做一个天才女儿的父亲，不是容易享的福，你得放低你天伦的辈分，先求做到友谊的了解。"情窦初开的林徽因也喜欢这个男子，她知道他的故事和才华，满眼都是崇拜，喜欢看他笑，喜欢看他评论，甚至喜欢看他沉默，他的一举一动都牵动着她的心。

志摩从此成了他家的常客，徽因喜欢在他们长谈的时候为他们做点小点心，徽因发现志摩的眼光里有一种异样的深情，她喜欢他的眼神和谈吐。每一次他们交谈的时候，徽因总是坐在一角静静地听着。她没有想到，有一天这个男人会走入自己的生活，成为自己生活的一部分。即使那时候还不知道爱为何物，但她已经被他带到了绝美的文学殿堂。

徽因是一个有内涵的女孩，她喜欢这种崇拜，喜欢他的美丽诗句。徐志摩发现她读过很多书，并且都是外国的原著。他喜欢看她坐在壁炉前，那画面像一幅画，永远定格在他的心上。

徐志摩对林徽因的影响太深，以至于多年以后，林徽因成为诗人、作家，她的灵感和风格都沿袭于徐志摩。

志摩也经常被这个女孩吸引，她外表看上去清美秀丽，像一个女学生，其实却是一个非常聪慧懂事的姑娘，远远看去，像一株白莲。开始时，志摩把她当成妹妹，心疼她宠爱她，可是当林长民有一次开玩笑说："看我家林徽因和徐志摩是不是一对？"林长民一句不经意的玩笑话将徐志摩心中积压的情感瞬间点燃，他已经把林徽因当成了美的化身，成为他一辈子可以用生命去追求的女人。

徽因不只见过志摩一个年轻人，很多青年才俊都喜欢拜访林长民，可是真正让徽因印象深刻的，唯有志摩，也许这就是缘分和爱情。关于他们之间是否有爱情有很多种说法，但我宁愿相信爱情，因为在那段寂寞时光里，徽因曾经把志摩当成她的全部，即使不是爱情，也是一种依赖之情。她没有想到，这位叔叔，会开启她的情感历程。

徐志摩是家中的独苗，父亲很多事都由着他，母亲也对他非常溺爱。这个家庭的每一份爱，都给徐志摩带来了很大影响，让他性情温和，可以和不同的人交朋友。在快乐家庭中长大的孩子，忧患意识少，所以他比同龄人显得更天真些。徐志摩有着深入骨髓的天真，所以他和林徽因的故事也就没有什么想不通，虽然他那时表面上比林徽因年长八岁，但骨子里并不比徽因成熟，所以他可以任性，可以为了梦中的女孩疯狂。

进入林家公寓的徐志摩并不快乐，他有着求学的不得意，也有家庭的不自由。早在读中学的时候，家里就为了他定了一门亲事。虽然徐志摩对于这种爱恋非常不满意，但是他的家庭却非常满意这个新娘子，因为她有着显赫的家世和美丽的外表。

很多人都记着纳兰容若的一句话:“人生若只如初见。”人生之初，一切都是美好的，一切美丽的开始也让人充满憧憬，可一旦面对现实问题，一切又都变了，变得面目全非。

林徽因的出现仿佛是徐志摩的转折点，她正好出现在他最彷徨无奈的时候，她就像一盏灯火点亮了徐志摩的世界。

徐志摩开始时只是把林当做知己，可是徽因那双会说话的眼睛却总是吸引着他的目光。徽因这样的女子太聪明，总是能随时展现一身的魅力，让欣赏的人将目光都集中在她身上，优雅、大方。她不仅愉悦了别人，也温暖了自己。

他爱上了她，没有任何理由。他喜欢和她在一起，他爱她的纯真美丽，爱她的才情，爱她那紧紧深锁的双眉，爱她那动听的声音，诗人不能控制自己的感情，她激发了他所有的诗性，虽然他也知道自己早已经没有了爱人的权利，可还是希望可以和她在一起。

“也许，从现在开始，爱、自由、美将会成为我终其一生的追求，但我以为，爱还是人生第一件伟大的事业，生命中没有爱的自由，也就不会有其他别的自由了。”这是徐志摩最真实的情感流露。

男人和女人，如果每天都有共同的话题，他们的心就会越来越近，徐志摩和林徽因的感觉更像是师生恋，爱情从量变到质变。

除了林徽因，没有人知道徐志摩的心，他是那么热烈地燃烧着，像个孩子一样的天真。在他们相识的最初，她只是把他当做“大朋友”，当成她的“徐叔叔”，可是，当这位比自己年长而且已婚的男子向她赤裸裸地表达爱慕之情的时候，林徽因知道她再也控制不了自己，知道了爱情的杀伤力，她无所适从，因为他是有家庭的人。此时的徐志摩已经失去了爱的权利，因为他已婚，是一个两岁孩子的父亲。

徐志摩是一个崇尚爱和自由的人，对于家里为他娶进来的妻子，他从来没有一丝柔情，即使张幼仪也是一个大家闺秀，是一个贤惠的女人，他也不愿意看一眼。多情的人也最无情，他可以在任何人面前展现他多情才子的一面，就是不愿意为张幼仪露出一点笑容，总是一副不耐烦的样子，甚至不愿意承担他作为一个丈夫的责任。

这个24岁的男人填满了徽因孤寂的心，她的少女情怀充满了对他的信赖和爱慕。诗人被迷惑了，写下了一首首情诗，他爱上了像精灵一样可爱的林徽因，当她用她那天真的眼神看着他的时候，他彻底沉沦了，“如果有一天我获得了你的爱，那么我飘零的生命就有了归宿，只有爱才能让我匆匆行进的脚步停下，让我在你的身边停留一小会儿吧，你知道忧伤正像锯子锯着我的灵魂”。这朵白莲已经深深地种植在他心里，他愿意为她永远停留。

人就是这么奇怪的动物，第一次见到张幼仪的时候，徐志摩都不想正视她，即使张幼仪落落大方、美丽娴静，可这一切都与徐志摩无缘，他见到林徽因却仿佛被电到一样，认定她是他命中的红颜，愿意为她万劫不复，即使牺牲一切，只要和她的那一段缘分。

可是面对他赤裸裸的爱和表白，她害怕了，她怕伤害他的妻子，害怕这无法预知的未来，更怕自己一生都会活在痛苦中，所以她选择了逃避，选择了只做他一辈子的灵魂知己，选择了离开伦敦。

当他知道她要离开伦敦的时候悲伤了，她竟然没有和他告别就走了。她离开的那天，他哭了，伦敦之恋随着汽笛声被徽因深深地埋藏在心灵深处，带给徐志摩的却是永久的痛。

「 第四节 」
只此一别，永隔天涯

林徽因和林长民不辞而别，留下了徐志摩一人在雾都伦敦，苦苦去化解所有的相思之情。

林徽因和徐志摩的故事没有因为伦敦的分离而结束。

仓央嘉措说：唯有不见，才不会相恋；唯有不识，才不会相思。他们的相恋就像是一种另类缘分，纠缠不清。很多人说分手了还是朋友，这需要很好的控制力，也需要两个人都是这样想。作为一个感性的男人，徐志摩做不到压抑自己的情感，他是一个必须要表达自己情感的人。

徐志摩回到中国后，他们在新月社重逢。经过一年多的相处，他的爱情之火又被重新点燃，这时候的徽因已经和梁思成相恋，所以只是徐志摩的单相思又被点燃。

现在的徽因已经是徐志摩的老师梁启超的长子梁思成的女友，

他只能相守以礼，想尽办法争取和徽因有更多的时间在一起。机会终于来了，泰戈尔到中国访问，由徐志摩全权接待。他们都喜欢泰戈尔这个文学泰斗。

借着这次接待，他成功地捆绑住了林徽因，他们又有了接触，一起设计接待泰戈尔的每个细节。他们又找到了昔日英伦的美好时光，徐志摩感觉幸福来到了。他带着新月社的社员排演外国的戏剧，组织介绍各种西方艺术的活动，林徽因英文水平较好，所以她成为他最有力的助手。可是这时候的林徽因已经名花有主，梁思成和林徽因有婚约在身。

对于徽因这样喜欢热闹和文学的女孩子来说，她没有太多私心杂念，只是把这当成一次机会，她感觉很兴奋，这次接待泰戈尔可以让自己的英文能力、西方文化素养、组织能力得以在舞台上展现，并且这次活动也有父辈们的支持。

林徽因准备得很认真，她的才情在泰戈尔来北京访华的日子得以展示，刚刚获得诺贝尔文学奖的泰戈尔应邀来中国讲学，主持者是梁启超和林长民，徐志摩担任翻译。接待泰戈尔的是一个非常庞大的队伍，都是那个年代的名人，梁启超、蔡元培、胡适、蒋梦麟、梁漱溟、辜鸿铭、熊希龄、范源濂、林长民。

徽因很幸运，可以和那个年代的精英们比肩，站在那群男人中间，她像个仙子，米黄色的衣服，咖啡色的连衣裙，素气淡雅，手中捧着欢迎泰戈尔的郁金香，花与人配合得非常完美，宛若仙女。

她一直对这个神话般的人物充满了好奇，心里一直憧憬着。当泰戈尔出现的一刹那，感性的林徽因难以掩饰她激动的心情，这个头戴红色帽子、身穿长袍的老人就是泰戈尔吗？在徽因心里，泰戈尔就像一个神话，来自于一个童话世界，她渴望走进这个童话世界，她看呆了，忘记了手里的花。

徐志摩看着呆呆的徽因，心里一动，她总是无时无刻不牵动着他的心，他给了她一个提示眼神，她走上前去，把鲜花送给了泰戈尔。泰戈尔非常激动，因为他爱上了中国，爱上了这些可爱的中国人，爱上了这种欢迎方式。

那天的欢迎宴会在日坛公园举行，泰戈尔长髯潇洒，彷如仙人；林徽因貌美如花，仿若仙女；徐志摩白面长袍，清瘦孤傲。三个人仿若《岁寒三友》，他们三个人被拍成照片，这幅照片曾经被很多媒体转载，成为佳话。徐志摩风度翩翩，林徽因美貌纯情，他们二人陪伴在仙衣飘飘的泰戈尔身边，都是才华横溢的代表，成为京城美谈。

那天泰戈尔的演讲非常精彩，徐志摩的翻译也恰到好处，徽因又对徐志摩重新投去了赞许的目光，他真是才华横溢，无可替代。

徐志摩和林徽因陪泰戈尔游览了很多风景名胜，在那个年代，虽然文坛也不缺少女性，但像徽因这样美貌优雅的却很少，所以他们的合影经常见于各大报端。

接待泰戈尔最豪华、隆重的一天是泰戈尔 64 岁寿辰的那天，早在筹备如何为泰戈尔庆祝生日的时候，林徽因就问过徐志摩用什么方式庆祝，徐志摩选择了中国人的传统方式。众人为泰戈尔精心排练了他的诗剧《齐德拉》。

泰戈尔非常喜欢看戏，尤其是这部戏是根据他写的《摩诃德婆罗多》书中一段故事而改编的。这部戏的演出非常精彩，徽因就是这部戏的女主角，当幕布拉开的时候，布景让人眼前一亮：一轮新月挂在高空，月光中的齐德拉美丽动人，林徽因一口流利的英语让所有人折服。

这是一个美丽的故事，齐德拉是马尼浦王的女儿，虽不是一个美女，但她向爱神祈祷，终于感动爱神，让她赢得了王子的爱。可是嫁给王子后，她却发现王子爱着邻国英武的公主，所以她又要求爱神变回自己。浪漫的剧情和华丽的台词让这幕剧赢得了阵阵掌声。徐志摩扮演爱神，他在舞台上尽情挥洒，把对徽因的爱意都表现在剧情中，也只有此时才可以这样肆意。

那天的徽因得到了很多人的赞誉，泰戈尔亲自走上舞台，拥着林徽因赞美道：“马尼浦王的女儿，你的美丽和智慧不是借来的，是爱神早已给你的馈赠，不只是让你拥有一天，而是伴随你终生，你将因此而放射出光辉。”

那几天的报纸都是赞美，赞美这次演出的成功，赞美林徽因的美貌和才情，很多年以后文艺界人士还会津津乐道演出时林徽因公主般的美貌和才情。

泰戈尔的访华给了徐志摩爱的期望，每一天的接触，每一天的爱意，都在徐志摩心中慢慢升腾，他把自己的心事告诉了泰戈尔，希望泰戈尔能够为自己求求情，老诗人询问过林徽因，知道这一切已是不可能。徐志摩失望了。

泰戈尔离开的时候特别为徽因做了一首诗留念：

蔚蓝的天空，
俯瞰苍翠的森林，
他们中间，
吹过一阵喟叹的清风。

现实和戏剧是有差距的，王子和公主最终没有在一起，徐志摩陪泰戈尔离开北京的刹那，隔着车窗，他搜寻着自己的公主，泪眼娑娑，写下了动人的诗歌《偶然》：……你我相逢在黑夜的海上，你有你的，我有我的，方向；你记得也好，最好是忘掉，在这交会时互放的光亮！也许，这就是他们的宿命。

正像泰戈尔《飞鸟集》里的诗歌一样：世界上最远的距离不是我站在你面前，你不知道我爱你，而是爱到痴迷却不能说我爱你；世界上最远的距离不是我不能说我爱你，而是想你痛彻心脾却只能深埋心底。

告别天空的蔚蓝，大地守住了它的碧绿。

不得不发自肺腑欣赏她，那相恋时的浪漫多情，转身后的清醒薄凉；大隐隐于市的淡然，红尘中期求平静的心；暗藏的清高，无法掩盖更不愿意掩盖的魅力与才情。也许，她只是想要追寻属于自己的简单。

爱情让人着迷，凡人如此，诗人更是如此，他知道这一别，会让自己痛到心里。

剩下的只有凄美，曾经的他们可以一起在伦敦数落叶，可以一起听雨，现在却已经很远很远，甚至比以前更远。他不喜欢这样的离别，这种生离比死别更让人痛苦，不知道什么时候才能再见，不知道见面时候又会是怎样的情景。

车开走了，留下的是志摩的深情凝望，他的心永久地留在了站台上。

徐志摩陪伴泰戈尔踏上了南下的火车，窗外是频频挥手的林徽因，他看着她，哭了，他知道这一别，告别的不只是人，更是一段感情的诀别，因为林徽因就要和梁思成一起踏上去美国求学之路，而自己将会留在中国舔舐伤口，独自疗伤。从此以后陪伴在徽因身边的人，不会再是自己；从此后徽因和他将永隔天涯。

第二卷

此情可待，相恋一场梦

「 第一节 」

倾心思慕，一往情深

如果时光可以倒流，志摩会爱上徽因吗?

答案是肯定的，因为一辈子有过这样一次忘我，有过这样一次惊世骇俗，足矣!

经过伦敦一段时间的接触，徐志摩深深地爱上了这个小女孩，那种爱是一种让人战栗的感觉，是一种怦然心动，是一种无法忘怀的倾心思慕，是可以为她放弃一切的勇敢。他自己也不知道自己为什么会这样迷恋这个姑娘，他能读懂她，他知道她的忧郁，了解她的内心，喜欢看着她谜一样的眼睛，他暗下决心，不管将来如何，她永远是他的伴侣，一生的灵魂依托，他不会让她不快乐，她的幸福就是自己的幸福。

自从见到徽因后，徐志摩就更喜欢来林家做客，几乎每天都会去林家找她，因为那里有人让他牵挂。她美得清冷，美得干净。他沉沦了，对林徽因“倾倒至极”，即使不来的时候，他也会写来书信，他感觉找到了梦想中的伴侣，陷入了热恋之中，每天就是盼望着快点收到徽因的回信。

在沙士顿的小镇上多了一个身影，那是一个沉迷于热恋中的人，他总是一吃完早饭就跑向杂货铺，差不多一两天他就寄出一封信，那些信只是寄给一个人，那就是他心目中的公主。

徽因没有经历过任何感情，这种炙热的感情让她迷醉，她每天都活在激动和幸福中，对于一个情窦初开的少女来说，她的这位王子才华横溢、温柔而又体贴。他写给她的信就像是一首首诗，那些字句让徽因脸红心跳。

徐志摩每天都会跑到徽因那里，他们讨论文学，谈论诗歌，每天的时间都快乐而短暂。那时候，林长民和徐志摩是最好的朋友，他也是一个浪漫的人，即使知道徽因和徐志摩恋爱了，他也深信他们会适可而止，因为徐志摩已经结婚了，所以他没有那么深的顾虑。

徐志摩的多情感人至深，徐志摩的无情也让人气愤和无奈。有人说徐志摩是一个忘恩负义的男人，他为了爱甚至可以抛弃一切。

那一年，他的妻子张幼仪也住在沙士顿，她跨越千山万水只为了心爱的男人，陪他住在一个小镇上，那是一个美丽的小镇，到处都是英格兰风情。

非常喜欢张幼仪，没有任何情结，只是觉得她是那个年代的典范，也许她也是最爱徐志摩的人。嫁给徐志摩时，她还是一个纯情少女，情窦初开，把一生都托付给了这个洒脱的男人。她是一个天资聪颖的女孩，从小受哥哥们的影响，求知欲非常强，所以考入了第二女子师范学校。可是为了徐志摩，为了她心目中的男人，她放弃了一切，披上了嫁衣，成为浙江徐家少奶奶。

徐志摩第一次看到张幼仪的照片就留下了那句“乡下土包子”，也许他没有仔细地去看看这个女人，她家教甚严，读书不多，所以顺从了家里的一切安排，她也美丽，只是没有人去仔细欣赏她。徐志摩不喜欢张幼仪，也许他更不喜欢的是这种包办婚姻，所以才忽略了张幼仪。可怜的是，张幼仪就这样被定义了，徐志摩看不到她的好，也没心思去了解她。徐家上下都喜欢这个少奶奶，唯独徐志摩例外，甚至觉得她是最讨厌的人。

张幼仪和徐志摩在伦敦的日子充满了辛酸，不是物质上的缺失，而是精神上的压抑。当张幼仪打开邮差送来的徐志摩的信，她惊呆了，信是林徽因写的，信里徽因表述自己不是一个滥用感情的女孩子，如果志摩真的爱她，就应该在两个人中选择一个。就是这样一位秀外慧中的可爱女人在徐志摩这里受到了无情打击，他移情别恋了，并且爱得那样痛彻心扉、惊天动地。张幼仪仿佛一下陷入了深渊，其实聪慧的她早就发现了端倪，当志摩每次一说话就谈徽因的时候她已经知道了很多，这就是女人的第六感，只是她选择不相信。

收到信的刹那，张幼仪绝望了，她想到了徐志摩那魂不守舍的目光，想到了徐志摩每次看到信时的快乐表情，她才醒悟，他早已经深深地爱了，爱情就是这样神秘而又不可思议，它可以让一个人发光。她也可以放弃，只是残忍的是她的肚子里还怀着他的孩子。她是才女加美女，徐志摩怎么会对她如此反感呢？她平静了，平静地把信交给了徐志摩。

此时的徐志摩眼里只有爱情，只有他心中的维纳斯，一切都可以放弃，一切对他来说都是过眼云烟，他只想拥有自己所爱，天长地久。他提出了离婚，这在那个年代是不可思议的事情，尤其是面对张幼仪这样贤良淑德的女人，家人的反对是徐志摩最大的阻力。

张幼仪告诉他怀孕的消息，可是诗人竟然让她打掉孩子，她绝望了。徐志摩没有对她进行任何安排，自己离家出走了，剩下了孤苦无依的张幼仪。

最终，他们还是分开了，徐志摩做了离婚第一人。志摩的父亲震怒了，这个倔强的老人至死没有原谅儿子，他和儿子脱离了父子关系，还把自己家里的家政大权交给了张幼仪。当时离开波士顿的张幼仪的确曾经想过死，可是后来她放弃了，去了遥远的国度，离开志摩的张幼仪独立了、成熟了，最后走向了成功。

林徽因聪慧的言论，让徐志摩有了好老师遇到好学生的感慨，他们逐渐有了属于他们两个人的言语和密语，心也越来越近。志摩是一个需要爱情喂养的男人，他渴望爱情，需要浪漫，诗人的这段插曲，徽因知道得非常详细。

她喜欢那一封封热情洋溢的信，喜欢志摩那执着的眼神，喜欢他的高谈阔论。可是她更怕，更担心。那种怕意也许就在徐志摩逼着张幼仪签字离婚的那一刹那油然而生，她想起了自己的少年时代，想起自己妈妈所过的日子，想起那冰冷而又充满硝烟的童年。她知道，如果自己接受了徐志摩的爱情，自己会活在梦魇中，会让张幼仪一生都痛苦不堪，会让一个孩子永远活在痛苦和压抑中，同时自己的未来也不可预知。

林徽因是一个理智与浪漫兼具的女人，浪漫的时候比谁都浪漫，清醒的时候又比谁都清醒，多年以后她在写给别人的信中说："他如果活着恐怕我待他仍不能改变，事实上也是不大可能，也许是我不够爱他的缘故。"

不是她不爱徐志摩，只是她明白，她和徐志摩注定没有完美的结果，在最美丽的时候转身，留下的是永恒的美丽。就像戏剧，人们对悲剧的铭记远远超过喜剧。

她爱徐志摩，可是不敢放弃很多东西的爱情也许不该被称为爱情，也许这就是很多人后来评述的朋友式的爱情。她很聪明，知道自己喜欢诗人的浪漫不羁，喜欢他的风流倜傥，喜欢他对自己的一往情深，可是这样的爱情会长久吗？理智如她，一定知道诗人之爱多为空中楼阁的浪漫，偶被吸引，却绝不沉迷。这种让人着迷的爱会不会像昙花一样终究成为过眼云烟呢？

又或许徽因是善良的，她离开他是不忍心伤害，不忍心伤害那个善良的女人。那个女人侍奉公婆，平凡生养，面对徐志摩的背叛无怨无悔。对于这个从没见过面的女人，她没有敌意，因为他们爱上的是同一个人，徽因和徐志摩没有走到一起，比那些夫妻互相束缚、怨言颇深要好得多。

徽因和志摩的爱情始于康桥，也结束于烟雨蒙蒙的伦敦。她有着扎根于大地的智慧，永远知道自己要什么。林徽因不希望自己的家庭悲剧在自己身上重演，她想要的是那种家庭的温馨、爱的温暖。她需要那种宁静而快乐的生活，那才是生活的全部。

一转身就是永远。

永远到底有多远，一天、一年、十年，还是一个世纪？徽因转身了，是因为她知道必须放弃。很多人只看到了诗人的泪眼婆娑和伤心，却没看到林徽因离去时没有向诗人告别的那种惊慌失措和无奈，她用自己弱小的心灵去慢慢调试，怅然心痛不是只属于徐志摩一个人。

永远很远，一转身就是一辈子，他们再相逢，已经隔世。

「 第二节 」

旷世之恋，爱已成殇

有人说林徽因过于智慧，所以爱情显得那样功利，缺少了张爱玲那种对爱的不顾一切。然而，就是她的理性让她游刃有余地把握着分寸的距离，不远也不近，让自己永远完美地存活在诗人的梦里。

如果想要一个人永远爱自己，最好的方式不是嫁给他，而是做他的红颜知己，让自己的形象永远那么完美，终生活在初恋中。这是她理想之上的智慧，是一个女人对于理想和现实、心性与生活的自我选择。这就是现实中的林徽因。

她巧妙地收藏起了对诗人的情感，把志摩对她的爱放在了心里。当志摩要给她一个未来的时候，她选择了放弃，她不是对徐志摩没有感情，而是权衡利弊，知道他不是佳偶。

面对这样一个才华横溢的诗人，也许做他灵魂里的爱人要比做他现实中的爱人更快乐。她不希望自己的幸福里带着另一个女人一生的怨恨，当徐志摩问她就为了那虚无缥缈的道德放弃了他的时候，她说她只是无缘留下。也许在爱情里，徐志摩的心理年龄要比林徽因小得多。

感情里没有谁对谁错，只是有一个先来后到，她或者他，出现得太晚了。

初到伦敦的志摩感觉孤独，他写信要求张幼仪来团聚。有时候很想不通，为什么徐志摩会让张幼仪去英国找他，是因为在外国单身久了，所以渴望家的温馨吗？徐志摩也知道，张幼仪是一个好妻子，她每天都把那个小镇上的家收拾得很干净，等待着这个男人回家，但张幼仪再能干也摆脱不了他心目中的“土包子”形象。

当张幼仪万里迢迢地来到他身边，他却鄙夷这个穿着旗袍的女人不能融入他的世界，他为她买了西式衣服，让她戴帽子。看到她没有戴帽子时就鄙夷地说戴帽子是西方的礼节。言语中的鄙夷，让张幼仪伤透了心，她努力想成为丈夫心目中最爱的女子，可是永远还是他嘴里、心里的“土包子”。

就在这段时间徐志摩认识了林家父女。张幼仪知道，志摩和其他人在一起时总是高谈阔论，和自己在一起时却总是沉默寡言。

在徽因面前，他是闪亮的，徽因永远忘不了，那个高高瘦瘦的男人，满眼希望地对她说要做诗人，那是他的梦想，他说他们家还没有一个诗人呢，所以他要努力做一个诗人。他对她说看虹时的天真和稚气也许一辈子都会回荡在脑海里，在爱情面前人才是真实的，热恋中的男女都像孩子。

曾经相爱，曾经因为爱而有很多传世之作，很多人说他们留给世人的是无限的遗憾，也有人说他们的故事就是梁祝的翻版。我从来不认为梁祝的故事是悲剧，如果真是梁祝故事，他们也一定快乐过，所以还有什么遗憾呢？徐志摩在林徽因身上找到了他梦寐以求的东西，这东西刺激着他的创作灵感，让他的创作达到顶峰。徽因也在最美的年华从徐志摩身上获得了爱和珍视，学到了很多以前没有接触的诗歌与艺术。

姑妈也听说了他们的事情，坚决反对。徽因就像姑妈的女儿一样，她看着她长大，所以不希望徽因走这条路。家族里的人都一致反对，怎么可以容忍她插足别人的生活？怎么可以让自己如此委屈做人家的后妈成为填房？怎么可以让林家大小姐的清白受损？这就是现实，所以一切都可以放弃，包括爱情。她没有张爱玲勇敢，不敢为了爱情抛下一切。

爱情的萌芽被林长民发现了，虽然林长民和徐志摩是很好的朋友，可是他也不能容忍自己的女儿爱上一个有妇之夫。他带着女儿结束了他的欧洲之旅，踏上了回归祖国的轮船。他们的离开浇灭了徐志摩火一般的爱情。他知道一切都将随着汽笛声消失在茫茫大海上，留下的只有他无尽的回忆和那个十六岁的纯真女孩的身影。

那天的告别是悄无声息的，林徽因没有告诉徐志摩悄悄地走了，当徐志摩听说后跑到海边时，看到的是林徽因远去的身影。徽因和父亲站在甲板上，一袭连衣裙，在一群外国人中间显得更加瘦削和清新。林长民挥动着帽子，向站在岸上的朋友致意告别。远离了伦敦，林徽因离开的不只是人，还有她曾经沉醉的心和生活。那曾经的爱情故事也将被她尘封起来作为纪念，告别不真实的爱情回到了现实生活。

谈恋爱的人满眼都是诗，失恋的人也是。林徽因回国了，留给徐志摩的是思念、失望和遐想，安静和孤独让他的诗情爆发了，那种思念时时困扰着他，看见的一花一草、一溪一水都强烈地吸引着他，他写下了一行行的诗，诉说着各种感情，正是这种爱的挣扎和痛苦，打造了《我所知道的康桥》等美丽的诗篇。

他放不下她，所以也跟着回国了，想要继续追求。他是梁启超的学生，所以还是有机会和徽因接触。1923年，徐志摩也回到了北京，让他不可思议的是，林徽因和梁启超的大儿子已经高调地谈起了恋爱。徐志摩不愿意放弃，也许在他的心里对爱是执着的，包括他娶了陆小曼后，心里还是爱着徽因的。

虽然徽因和思成的恋爱关系已经公布，徐志摩还是会情不自禁地来打扰，忠厚如梁思成也不得不贴一张字条在门上："Lovers want to be left alone（情人不愿受干扰）。"徐志摩知道，过去那个属于自己的女孩已经是别人的了，只好怏怏而去。

有人评价林徽因：她选择了一栋稳固的房子，而没有选择一首颠簸的诗。

他们的爱情没有结束，泰戈尔的到来，给了他们很多接触的机会，一起演出戏剧，一起排练，又找到了昔日英伦的感觉。他那久被尘封的爱意更加香浓了，聪明的徽因当然了解，可是却只能装作什么都不懂。

徐志摩恳求泰戈尔，可是泰戈尔只能告诉他徽因的真实想法，原来缘分结束了想要再续真的很难。火车开动时，林徽因的美丽倩影模糊了，等他回来时，林徽因和梁思成已经一起去了美国求学，徐志摩只是一个孤影的看客。

当徽因看到车缓缓地离开站台时，她也难过，但她还是那样平静，和诗人的多愁善感相比，她仿佛成熟而又稳重，她不希望这一页再重新翻回来。既然已经过去，那就留在记忆里吧。她也想和徐志摩告别，毕竟曾经是那样默契，可以彼此到达对方心里，可是语言能表达内心的想法吗？语言在这里显得苍白无力，思成已经订好了去美国的船票，美好的留学生活就要开始，还是忘记吧。无法长相厮守的爱情，就好像是人生的中转站，不管有多豪华和奢侈，终究会离去。

志摩爱得真挚，爱的无所畏惧，爱的不计代价。徐志摩一度认为，既然自己的眼里没有张幼仪，就应该给她自由，放飞心去寻找属于自己的真爱。可惜，徽因不愿意和他共度这一帘幽梦。

「 第三节 」

得之我幸，失之我命

徐志摩曾说过林徽因是他的灵魂伴侣，得之，我幸，不得，我命。她注定成为他生命中的转折点。

他说得对，就是这样的一个旷世才女改写了一代大诗人的人生轨迹，也是这样的一个“林妹妹”改写了民国时期的又一段“红楼梦”，让她流芳千古，同样她还成就了又一个传奇的“梁祝”故事。也许，这是老天给每一个时代的才子佳人注定好的命运。

张爱玲曾经在《红玫瑰与白玫瑰》里这样说过：“也许每一个男子都有过这样的两个女人，至少两个。娶了红玫瑰，久而久之，红的变了墙上的一抹蚊子血，白的还是“床前明月光”；娶了白玫瑰，白的便是衣服上的一粒饭粒子，红的却是心口上的一颗朱砂痣。”徐志摩爱恋林徽因，放在心里，永远把她的事当成自己的事，永远会在她想要他出现的第一时间出现，那是一种怎样的深爱。他始终没有得到林徽因，于是只好退而求其次娶了著名的交际花陆小曼。自此之后，林徽因将是他心中永远的圣洁月光，是娶了红玫瑰后天天想着念着的白玫瑰。

回到国内的徐志摩独自一个人享受着寂寥，林徽因已经和梁思成去美国读书了，他还要继续他的生活。

在这段时间里，他也是一个很吸引人的男人。女人容易对三种男人倾心：才华出众、富有、帅气。徐志摩具备了三者，所以很多痴情的女粉丝都很喜欢他，和他接触最多的两个人也成为他的知己——凌淑华和陆小曼。

两个人都是名媛，且都与徐志摩有书信往来，凌淑华更稳重些。陆小曼因为做过三年翻译，所以喜欢交际，容貌更漂亮些，也更为西化。因为新月社的缘故，这些人经常见面、聚会。没有林徽因的日子，徐志摩过着属于自己的才子生活。

林徽因在美国的日子也有不快乐的时候，她孤单寂寞了，就给徐志摩发了一封快电。她在给徐志摩的信里写道："……我的朋友，我不要求你做别的什么，只求你给我个快信，单说你一切平安，多少也叫我心安……"这封信曾让徐志摩产生了许多的联想和想象，他以为是自己的机会，以为她仍在想念着自己。可是诗人不懂，这只是远在异乡的徽因的偶尔不快而已，并不是她最终的选择。

这封信给了徐志摩希望，他知道，不管和多少个女子鸿雁传书，能让他心动的依旧是林徽因，多少甜言蜜语也比不上徽因这淡淡的一句话。他忘记了林徽因是一个很有主见和很难改变决定的人，他只是看到了爱，陷入单相思的志摩还一度以为这是林徽因爱他的象征。

他怀抱着这份以为可以燎原的星火之爱，立即去给徽因回电。

在迷迷糊糊走回来的路上又回到邮局，把电文给工作人员，他们告诉他已经发过了，可见只有她能拨动他的心弦。他也为自己的那份痴感动。

徐志摩发现自己还是那样想她，回到寓所，再也抑制不住这心情的亢奋，他要立刻给林徽因写信，满眼都是思念，铺开纸笔，信没写成，一首诗却满篇云霞地落在纸上：

啊，
果然有今天，
就不算如愿，
她这“我求你”也够可怜！
“我求你”，
她信上说，
“我的朋友，
给我一个快电，
单说你平安，
多少也叫我心宽。”
叫她心宽！
扯来她忘不了的还是我——
虽则她的傲气从不肯认服；
害得我多苦，
这几年叫痛苦带住了我，
像磨面似的尽磨！
还不快发电去，
傻子，

说太显——
或许不便，
但也不妨占一点颜色，
叫她明白我不曾改变，
咳何止，
这炉火更旺似从前！
我已经靠在发电处的窗前，
震震的手写来震震的情电，
递给收电的那位先生，
问这该多少钱，
但他看了看电文，
又看我一眼，
迟疑地说：
“先生您没重打吧？
方才半点钟前，
有一位年青的先生也来发电，
那地址，那人名，
全跟这一样，
还有那电文，
我记得对，
我想，
也是这……
先生，你明白，
反正意思相似，
就这签名不一样！”

——吒！是吗？
噢，可不是，
我真是昏！
发了又重发；
“拿回吧！
劳驾，先生。”

写完后，他自己泪眼婆娑，伤心不已，他知道一切都是自己伤心而已，她终究不是他的。酒醒了，梦也醒了，他知道自己需要的是什么，娶一个女子去过自己的生活吧，这才是生命之根本。他这样做了，用余生去牵挂这个自己所爱的女子。

徐志摩结婚了，徽因听到这个消息并不震惊，娶的是名媛陆小曼。

他总是那样惊世骇俗，娶了朋友王赓的妻子，震惊了整个北京城的名人。那时徐志摩的父亲希望他能娶凌淑华，他给父亲看信的时候王赓也在，没想到拿错了，拿出的是陆小曼写给他的信，王赓拂袖而去。因为这个原因，陆小曼也勇敢地做了离婚名媛第一人，他们走在了一起。很多人不赞成他们的结合，包括徽因的公公梁启超，他曾经在他们新婚典礼上痛斥两个年轻人。

娶了陆小曼之后的日子，徐志摩的烦恼更多了，而徽因成了他可以倾诉的对象，她真的成了他心中的那朵莲，总是可以给他不悦的生活带来快意，为他分担烦心事。

徐志摩和陆小曼结婚后定居在上海，大上海的繁华让徐志摩应接不暇，却让陆小曼欣喜若狂，流连忘返。那些新奇的服装和发饰让她着迷，商店和西餐馆里有她欠下的账务，夜总会里是她曼妙的身影，上流社会里有她的表演，她甚至为了治胃病吸上了鸦片。

徐志摩开始了和陆小曼的争吵，他真的很辛苦，和张幼仪离婚后，徐父就不再负担他的开销，没有了经济来源。陆小曼的奢华生活让徐志摩感觉像压了一座山，沉重的生活负担让他开始到处讲课。三份兼职工作让他应接不暇，他在北京讲课时，希望陆小曼可以和他一起去北京，能在身边陪伴；他希望小曼可以节俭一些，可是小曼没过过这种日子，所以争吵越来越多，当初的甜蜜化成了那抹墙上血。

在现实中无处可以放置的爱情，应该放在哪里，不如让这个人的声音深深地埋藏在自己心里，两个人的默契来自于诗，他们在诗歌的世界里寻找彼此相通。那是另外一种爱恋，灵魂知己，纯精神世界的欢愉。徽因和志摩两个人的感情不是天天相守，却是彼此心有灵犀的默契。

徐志摩每次看到思成和徽因的幸福，都感觉非常自卑，想到自己的穷困潦倒和四处奔波，黯然销魂，自己所做的一切都是为了什么？为了小曼的虚荣和奢侈，为了没有未来的未来。

志摩痛了，他在给徽因的最后一封信中写道："……我回家累得直挺在床上，像死——也不知哪来的累。适之在午饭时说笑话，我照例照规矩把笑放嘴边，但那笑仿佛离嘴有半尺来远，脸上的皮肉像是经过风腊，再不能活动！……雨下得凶，电话电灯会断。我讨得半根蜡，匍匐在桌上胡乱写。上次扭筋的脚有些生痛，一躺平眼睛发跳，全身的脉搏都似乎分明的觉得。再有两天如此，一定病倒——但希望天可以放晴。思成恐怕也有些着凉，我煲了一大碗姜糖汤，妙药也！宝宝老太太都还高兴否？我还牵记你们家矮墙上的艳阳。此去归来时难说完，敬祝山中人'神仙生活'，快乐康强！"

四合院里，徐志摩对徽因说着他的烦恼，他觉得是不是自己不适合婚姻，所以总感觉到孤单，即使和小曼在一起，他也感觉不到快乐。

徽因每一次都安慰志摩，告诉他生命的意义还存在于生命的过程，无论是痛苦还是欢乐，总比麻木不仁、死气沉沉地活着要好。不要把生活想的过于理想化，爱情不总是风花雪月诗情画意，柴米油盐的平凡才是组建家庭的本来模样。

每一次志摩和徽因谈完都会感觉很快乐，他觉得徽因再也不是那个不谙世事的小女孩，她长大了，在她的身上可以嗅到成熟的、善解人意的气息，让他喜欢在她身边，愿意向她倾诉。

就是这样的一种感情，纯洁自然，我们看到了徐志摩对徽因的关心，爱一个人不是占有，而是希望她幸福，即使不是和她在一起他也愿意，只愿她安康幸福。我们也看到了徐志摩在精神上对林徽因的依赖。

徽因说："志摩警醒了我，他变成一种激励我生命中不可或缺的部分，成为促使我创作、追求理想、追求美的动力。"相笑于江湖的两个人成了彼此催促对方的动力。

这样的恋情是凄美的，可是这样真挚的感情也有现实的无奈，他们用真情淡化了无奈。

爱情到底是什么？林徽因对徐志摩是爱，爱得清澈；张幼仪对徐志摩是爱，爱得平和；陆小曼对徐志摩是爱，爱得热烈。她们都为爱情付出了很多，即使不能相依相伴，依旧无怨无悔。

「第四节」

生命之歌，如诗如画

如果把徐志摩和林徽因的爱情比喻成一种颜色，那林徽因一定是徐志摩梦中的白色，陆小曼或许是他心目中的那抹红。

白色，如此简洁，却也纯净淡雅，就像白色的莲花，散发着诱人的幽香，同时又是那样的清冷，让人只可以远观而不可亵玩。

比起陆小曼，林徽因缺少了那份勇气，或许像她自己所说，她没有那样爱。陆小曼为了和徐志摩在一起，敢于和自己的丈夫离婚，敢于冲破种种封建观念毅然决然地和徐志摩结合。

徽因说："徐志摩当时爱的并不是真正的我，而是他用诗人浪漫情绪想出来的林徽因，可我其实并不是他心目中所想的那个人。"可是徐志摩并不这样认为，他说："我这一辈子只那一春，说也可怜，算是不曾虚度。就只那一春，我的生活是自然的，是真愉快的。"他和林徽因是那样不同，徽因想要忘记过去的一切，而徐志摩却认为那是一生最美好的时光。

林徽因最终未与徐志摩结合而嫁给了梁思成，到底还是由于其名门出身、少女矜持或庶出身份，抑或是出于自己的冷静理性，也许还是“不够爱他的原因”，她终放不下尘世的种种羁绊，去好好地享受一回浪漫的恋爱，而是选择了平凡的生活。这不能不说是她的遗憾和痛苦，因为她的一生始终都在自我编制的“牢笼”里无法自拔。

她是一个非常沉静的女子，当我们以为爱会洒落成凋落的花瓣，她却不留痕迹，仿佛一切都没有发生过。她离开时只有十八岁，可以让二十六岁的徐志摩伤痛不已，而自己却一切都放在心里。徐志摩是林徽因生命里第一个男子，他给了她所有的诗意和浪漫，即使不能在一起，也是淡如水的知己。

没有林徽因式的缠绵悱恻，就绝对不会有徐志摩式的“自古多情应笑我”。因为没有林徽因的“情歌”，怎么会有徐志摩的“对唱”。徐志摩那么癫狂地追求她，肯定是得到了回音，才会播撒下诗人那罗曼蒂克的情种。

她是他生命中的一首歌，也是他灵感的源泉。而她，也为他写下了一首首华丽的诗。

那一晚，他们肩并肩讨论雨后的虹，讨论伦敦的雾，谈论康桥的梦，回到家后，她写下了《那一晚》：

那一晚我的船推出了河心，
澄蓝的天上托着密密的星。
那一晚你的手牵着我的手，
迷惘的星夜封锁起重愁。
那一晚你和我分定了方向，

两人各认取个生活的模样。
到如今我的船仍然在海面飘，
细弱的桅杆常在风涛里摇。
到如今太阳只在我背后徘徊，
层层的阴影留守在我周围。
到如今我还记着那一晚的天，
星光、眼泪、白茫茫的江边！
到如今我还想念你岸上的耕种：
红花儿黄花儿朵朵的生动。
那一天我希望要走到了顶层，
蜜一般酿出那记忆的滋润。
那一天我要跨上带羽翼的箭，
望着你花园里射一个满弦。
那一天你要听到鸟般的歌唱，
那便是我静候着你的赞赏。
那一天你要看到零乱的花影，
那便是我私闯入当年的边境！

这首诗是最能展现那时林徽因心境的一首，她像个小女孩一样，圣洁而纯净，又带着一丝的无可奈何和不知所措。这不能怪她，童年的不快乐和母亲对他人的嫉恨让她望而生畏。其实童年的徐志摩是幸福的，富商家中的独生子，所以可以想做什么就做什么，林徽因却不能，“小脚”和“西服”并存。婉约的林徽因和豪放的大诗人徐志摩，构筑了又一个“林黛玉”和“贾宝玉”，成就了宿命的悲剧，成为又一曲“红楼梦”。

他们都喜欢看白云在明净的蓝天上浮游变幻，喜欢穿雨衣不戴帽子在蒙蒙细雨中散步；喜欢孔子、庄子，喜欢晚唐诗和南宋词，喜欢梅花的幽暮，喜欢一切的善和美，他们讨厌数学、讨厌商人、讨厌虚伪、讨厌讽刺诗、讨厌康德、讨厌一切束缚。康桥的树木，清风，白云，柔波，曾经无数次听到两人的柔情密语，曾经见证两人的海誓山盟。

离开伦敦时，徽因写给徐志摩一封信，信里是那首《情愿》：

我情愿化成一片落叶，
让风吹雨打到处飘零；
或流云一朵，在澄蓝天，
和大地再没有些牵连。
但抱紧那伤心的标志，
去触遇没着落的怅惘；
在黄昏，夜半，蹑着脚走，
全是空虚，再莫有温柔。
忘掉曾有这世界，有你；
哀悼谁又曾有过爱恋；
落花似的落尽，
忘了去这些个泪点里的情绪。
到那天一切都不存留，
比一闪光，一息风更少
痕迹，你也要忘掉了我
曾经在这世界里活过。

他们有太多的理由相爱，在一起的日子总是美好的，像诗歌，属于两个人的浪漫诗歌。再次相见的日子他们如水般清淡交往，像没有发生过康桥之恋，但也好像从来没有分开过。

也许，她真的希望未在他的世界出现，让他彻底忘记，这样他们都会幸福快乐。徐志摩后来又有了陆小曼，还有红颜知己凌淑华。泰戈尔曾经评价说凌淑华和林徽因相比有过之而无不及，可是为什么志摩唯有对这首诗念念不忘呢？

和徐志摩身边的其他女子相比，林徽因兼有张幼仪、凌淑华、陆小曼的温婉、细腻、聪慧、乐观、端庄、开朗，她是那个时代的咏叹调，是智慧与美丽的化身。

虽然已经时过境迁，但在她的心里，还记得那年的康桥之恋，是他敲开了她少女的心扉，在她的世界构筑了一个粉红色的梦，如果不是她渴望那一世平静，就不会轻易转身。她对徐志摩心存愧疚，因为徐志摩为了她离婚，抛弃了张幼仪，虽然她已经名花有主，但他依旧对她念念不忘，永远藏情。

爱情，总是盲目的，就那么一瞥，就知道你是我最想找的那个人。

爱情，有时候也让人心伤，有的人耗尽一生，却换来一句“不爱”。

或许，爱情本就是这世界上最不公平的事情。痴情的人总希望用自己的爱证明爱是公平的，到最后却换来痴痴的想念。

徽因这个女子，就像天边那轮散着光晕的明月，清冷忧伤地照着今人。她和志摩都生长于江南，他们都浸润了江南的风情，所以异国的相逢，让他们找到了彼此眼中的自我。她就像一个魔女，即使离去也没有让志摩恨她，相反还写下了无奈之语：“我将于茫茫人海中访我唯一的灵魂伴侣，得之，我幸，不得，我命，如此而已。”说明他知道了，即使得不到，这也是命中注定，无可奈何之事。

志摩爱徽因爱得包容，他把她的离去当做小女孩的任性，当做她的害怕逃避，他以为离婚了就可以追求徽因，可是他忽略了徽因不是那种单纯的女孩子，她是非常理性有主见的女性，所有的一切都在她心里已经定了性。

志摩可以称得上是中国的雪莱，可是在恋爱的时光里，面对那个比自己还成熟的女子，他也有太多的无奈。林徽因对徐志摩的感情，可以从很多地方表现出来，因为感情是无法彻底抹去的，就像我们也可能有自己曾经深爱却不能相守的人，即使是过了几十年，那个人依然会珍藏在你心里最美的角落。

梁从诫曾经说过一段话，“徐志摩的精神追求，林徽因完全理解，但反过来，林徽因所追求的，徐志摩未必理解……”所以林徽因没有选择徐志摩，因为这就是症结，是命里注定的事情。

「第五节」

静寂消沉，天人相隔

爱情何必论长短，刹那真心即永恒。

有人说："林徽因与梁思成的结合，这或许正是最好的选择，他们既拥有世俗婚姻中的琐碎温馨幸福与争执，亦是事业的终身伴侣。"

一切仿佛命中注定，1931 年的 11 月，徽因和思成去参加傅雷博士的茶话会会后见到了徐志摩。徐志摩每一次看到梁思成夫妇都非常开心，看到这对伉俪的和谐幸福，心里总是充满了羡慕，也许看着她幸福也是一种快乐吧。

茶话会结束以后，徐志摩告诉他们说过几天要回一次上海，时间不确定。志摩还开玩笑地说时间不定，有点像此去生死未卜啊。女人总会有她们可怕的第六感，也许是突然间有了一种不祥之兆。徽因对徐志摩说："我和思成都觉得坐飞机不安全，你改坐火车吧。"志摩说："放心吧，我还留着生命做更重要的事情呢，下星期我还有课。”徽因也觉得自己有点太敏感，说：“我也有课，给外国使节们讲中国的建筑。”志摩听了非常兴奋，说一定会在那天赶回来，去听徽因的讲座。

徽因讲课那天的中午，思成和徽因收到了志摩在南京登机前发出的电报，电报上说会下午三点抵达南苑机场，让思成派车去接。

那天的天气非常不好，进入秋季后的天气总是这样，尤其是北京这座城市。梁思成亲自开车到机场接徐志摩，机场人非常少，空旷的感觉夹杂着漫天的灰尘，感觉非常压抑。等了一个多小时也没有等到志摩的航班，问了很多人都说“济南附近有雾飞机可能不能准时起飞”。等不到徐志摩，梁思成只有离开机场。

晚上，徽因的讲座座无虚席，专家和驻华使节们坐在礼堂里，等待林徽因为大家讲中国古典建筑。当她走向讲台时，大家领略到徽因的风度和美丽，她的身上有一种亲和力和古典美，举手投足都吸引着大家。

她微笑了一下，开始了她的开场白，标准的英语，动听的声音，专业的语言，博得了阵阵掌声。她是一个才女，说话也像诗。徽因向下看去，没有看到她熟悉的面孔。那种不安的预感又立刻袭来，而且越来越强烈。她知道，如果他没有遇到问题就一定会来，因为他从来没有对她失约过。

演讲非常成功，徽因讲解了天坛、北海和故宫，那些外国专家听得如痴如醉。

他们对中国的古建筑充满了好奇和敬意。美丽的林徽因赢得了那些洋专家的敬佩，徽因和那些人告别后，急忙回到家里，期待着能够见到徐志摩，可是徐志摩没有出现。

林徽因的心情和天气一样出现了阴霾，他们给胡适打电话，胡适也没有徐志摩的消息，大家都在期待，期待不要出什么问题。

离开就是一瞬间的事，可有的时候却是死别。

徽因在 19 日知道徐志摩遇难的消息，胡适告诉她徐志摩搭乘的飞机因雨天雾大撞到山顶，徽因听了瘫倒在沙发上，一切还是来了。冷冷的雨水冲刷着古旧的青瓦房檐，成串的水珠不断地垂落，像是一副悲伤的挽联。天空迷蒙的像是一幅水墨丹青，那浓重的氤氳变成了心头真切的悲痛，仿佛所有记忆都在这阴冷的天气里，变成化不开的哀思。

朋友们也都无法接受徐志摩的死讯，他还那么年轻，像个孩子一样无拘无束，纯净可爱，却这样走进了一个未知的孤单世界。他喜欢热闹，这样的生活他能否适应？

第二天一早，梁思成、张奚若和金岳霖赶到济南大学，和连夜乘车赶到济南的沈从文、梁实秋、闻一多等人一起到安放志摩遗体的福缘庵，商议操办他的后事。思成没有让妻子一起去，他心疼妻子那瘦弱的身体，并且这时候的她又有了身孕，思成不忍心让妻子去面对生离死别的场面，所以和几个朋友去帮助筹办志摩的葬礼。

梁思成为林徽因带回了一片失事飞机的残骸，这是徽因再三告诉他带回的。他回来告诉徽因，徐志摩的遗体是完好的，只是额角有一块受伤的痕迹，徽因听了又是痛哭不止，矜持的她真的很难过，因为失去了这个挚爱的朋友。他们的缘分始于那一见面的情愫，缘于伦敦，可是这样美好的两个人，却连最后一次见面的机会都没有，只能留下终生的遗憾。她的举动似乎在告诉众人，她在乎。当一个人，尤其是一个女人脆弱的时候，她的一切也暴露在众人面前，那些她曾经可以回避和避讳的凡事在他死后都不忌讳了。不管有多少人不理解他们的感情，至少他们的感情很纯很美。

有人怨，说徐志摩的死和林徽因有关，因为他急于要回去看徽因的讲演。可是真实的原因却是志摩在抵达上海后又和小曼有了争执，他们的生活总是在这样的吵闹声中开始，以前的浪漫也抵不过现实的残忍，这也是他为什么喜欢向徽因倾诉的原因。他希望小曼能够改掉不好的习惯，不再像一朵罂粟花，希望她可以和自己一起去北京。可是，最后还是激烈地争吵，小曼觉得徐志摩越来越像女人，没有了男子汉的魅力。

为了躲避这种无休止的争吵，志摩去了朋友那里，他还曾经在那儿和大家开过玩笑，说小曼说如果他坐飞机不安全，她就做风流寡妇。当时他们把这当成一个玩笑话，在一起谈人生、谈理想、谈生活。

飞去北京那天早上，志摩给徽因夫妇发完电报就登上了由南京开往北京的飞机，这架飞机是从美国购回的，速率是每小时90英里。因为大雾，飞机撞上了山顶，像一只折翼的大鸟掉了下来。他曾在散文《想飞》中写过："飞上天空去浮着，看地球这弹丸在太空里滚着，从陆地看到海，从海再回头看陆地。凌空去看一个明白——这才是做人的趣味，做人的权威，做人的交代。"他喜欢飞，看着浩瀚的天空，人的胸怀也仿佛变得博大起来，所有的不快乐和整个宇宙比起来都变得渺小了。

许多人都非常喜欢徐志摩，所以各种悼念活动层出不穷，徽因也写了很多悼念志摩的文章。《悼志摩》就是最动人的一篇：

"十一月十九日我们的好朋友，许多人都爱戴的新诗人，徐志摩突兀的、不可信的、残酷的，在飞机上遇险而死去。这消息在二十日的早上像一根针刺触到许多朋友的心上，顿使那一早的天墨一般地昏黑，哀恸的咽哽锁住每一个人的嗓子。

……

“突然的，他闯出我们这共同的世界，沉入永远的静寂，不给我们一点预告，一点准备，或是一个最后希望的余地。这种几乎近于忍心的决绝，那一天不知震麻了多少朋友的心。现在那不能否认的事实，仍然无情地挡在我们面前。任凭我们多苦楚地哀悼他的惨死，多迫切地希翼能够仍然接触到他原来的音容，事实是不会为我们这伤悼而有些许活动的可能！这难堪的永远静寂和消沉便是死的最残酷之处。

“我们不迷信的，没有宗教地望着这死的帷幕，更是丝毫没有把握。张开口我们不会呼吸，闭上眼不会入梦，徘徊在理智和情感的边沿，我们不能预期后悔，对这死，我们只是永远发怔，吞咽苦涩的泪；待时间来剥削着哀恸的尖锐，痂结我们每次悲悼的创伤。那一天下午初得到消息的许多朋友不是全跑到胡适之先生家里么？但是除拭泪相对，默然围坐外，谁也没有主意，谁也不知有什么话说，对这死！

……

“志摩，我的朋友，死本来也不过是一个新的旅程，我们没有到过的，不免过分地怀疑，死不定就比这生苦，“我们不能轻易断定那一边没有阳光与人情的温慰”，但是我前边说过最难堪的是永远的静寂。我们生在这没有宗教的时代，对这死实在太没有把握了。这以后许多思念你的日子，怕要全是昏暗的苦楚，不会有一点点光明，除非我也有你那美丽的诗意的信仰！

“我个人的悲绪不禁又来扰乱我对他生前许多清晰的回忆，朋友的原谅。

“诗人的志摩用不着我来多说，他那许多诗文便是估价他的天平。我们新诗的历史才是这样的短，恐怕他的判断人尚在我们儿孙辈的中间。我要谈的是诗人之外的志摩。人家说志摩的为人只是不经意的浪漫，志摩的诗全是抒情诗，这断语从不认识他的人听来可以说很公平，从他朋友们看来实在是对不起他。志摩是个很古怪的人，浪漫固然，但他人格里最精华的却是他对人的同情、和蔼和优容；没有一个人他对他不和蔼，没有一种人，他不能优容，没有一种情感，他绝对不能同情。我不说了解，因为不是许多人爱说志摩最不解人情么？我说他的特点也就在这上头。

“我们寻常人就爱说了解；能了解的我们便同情，不了解的我们便很落寞乃至于酷刻。表同情于我们能了解的，我们以为很适当；不表同情于我们不能了解的，我们也认为很公平。志摩则不然，了解与不了解，他并没有过分地夸张，他只知道温存、和平体贴，只要他知道有情感的存在，无论出自何人，在何等情况下，他理智上认为适当与否，他全能表几分同情，他真能体会原谅他人与他自己不相同处。从不会刻薄地单支出严格的迫仄的道德的天平指摘凡是与他不同的人。他这样的温和，这样的优容，真能使许多人惭愧，我可以忠实地说，至少他要比我们多数的人伟大许多；他觉得人类各种的情感动作全有它不同的、价值放大了的人类的眼光，同情是不该只限于我们划定的范围内。他是对的，朋友们，归根说，我们能够懂得几个人，了解几桩事，几种情感？哪一桩事，哪一个人没有多面的看法！为此说来志摩的朋友之多，不是个可怪的事；凡是认得他的人不论深浅对他全有特殊的感情，也是极为自然的结果。而反过来看他自己在他一生的过程中却是很少得着同情的。不止如是，他还曾为他的一点理想的愚诚几次几乎不见容于社会。但是他却未曾为这个鄙吝他给他人的同情心，他的性情，不曾为受了刺激而转变刻薄暴戾过，谁能不承认他几有超人的宽量。”

林徽因用自己独特的视角展现了拥有独特魅力的志摩形象，在她心里，他是一个对爱情执着、对艺术痴迷的男人。在她心里，他也许是她一生无法解释的一隅。

徐志摩的死，并没有把一切都结束，各种正面和负面的信息接踵而来。和徐志摩相关的女人似乎还在把这些红尘俗事延续。

在徽因临死时，她要求见见张幼仪，那时的张幼仪在国外，保养得特别年轻，也很美丽，而徽因却饱受疾病的折磨，没有了美丽，身形枯瘦。她已经说不出来话了，两个人就那样对视着。

张幼仪没有因为徐志摩抛弃她而伤心欲绝，她从悲伤中走出来，成为一个让人瞩目的女性，也取得了自己的成就。很多人都说最爱徐志摩的是张幼仪，她自己也说：“你总是问我，爱不爱志摩。你晓得，我没法回答这个问题，因为每个人总是告诉我，我为徐志摩做了那么多事，我一定是爱他的，可是我没办法说清楚什么是爱，我这辈子从来没和任何人说过我爱你，如果照顾徐志摩和他家人也是一种爱，那我大概是爱他吧，在他一生遇到的几个女人中，说不定我最爱他。”就是这样一个善良的女人，满足了徽因的愿望。

张幼仪也不清楚为什么林徽因要见她。徽因看着眼前的女人也是百感交集，也许，不是张幼仪这个女人，她和徐志摩就不是现在这个样子，也许与徐志摩也不是天人相隔。当年，就是为了这个素未谋面的女人，她放弃了一切。徐志摩用飞翔的方式结束了属于他的一切，留下的是给这些女人带来的酸楚和回忆。

没有爱与不爱，这世间的一切情爱都是缘分，林徽因在徐志摩去世后给沈从文写信说：“他若没死，我待他是仍不能改的，这可能是他说的我爱我的家胜过爱他的缘故。”可见林徽因承认对徐志摩的感情，也许她也后悔过，但是即使重新来过，林徽因仍会理智地选择。林徽因承认自己不够爱徐志摩也是因为理性和世俗的缘故让她不能足够地爱。这既是她的聪明，也是她的后悔，只是她说得很冠冕。因为她的身边还有一个大活人——丈夫梁思成，以及一大批无声地“误解、曲解和谩骂”她的人。不过她也不避讳她丈夫，在卧室的床头挂着徐志摩的飞机残骸。

那个年代的爱情，总是充满了包容的色彩，有很多的不可思议，所以梁思成似乎包容了爱妻的这份纯真的感情，直到她离开世界，徐志摩的这块飞机残骸还在她卧室的床头。他们的故事如镜中花、水中月，他们自己都看不明白，说不明白，又何况别人呢？也许至死他们都保留着那种藕断丝连的关系，在心里纠缠着那种情愫。

时机和爱情都需要把握，都是稍纵即逝，不要让爱情在现实面前徘徊，最后输给现实，也不要做第二个徐志摩和林徽因。

第三卷

缱绻红尘，相知烟波里

「 第一节 」

璀璨烟花，绝代风华

和梁思成的爱情和婚姻是可以让林徽因一辈子骄傲的事情。

缘分是让人摸不透的东西，他和她的相遇，就是一根红线牵出的爱与牵挂。

相识的那一年，徽因美丽、秀雅，像个小精灵，他们第一次见面时，年仅十四岁的林徽因让梁思成眼前一亮，亭亭玉立的少女，扎着两个小辫子，五官精致，像个飘逸的仙子。梁思成应该是对她一见钟情的，那时的思成十七岁，他身边虽然也有很多漂亮女孩，但像徽因这样的江南女孩并不多见，所以他被这样超凡脱俗的她吸引了。

他们的爱情迎合了社会的现状，那就是门当户对。林徽因和梁思成在别人眼里是一对金童玉女，他们的父亲梁启超和林长民是政界名流，又都是文人雅士，这样的一段姻缘，从最开始就得到了祝福。

有父母的首肯和两个人的情投意合，所以一切都是水到渠成。

在爱情这条路上，总要有所经历才会闻到扑鼻的花香。

十四岁的徽因不会知道，梁思成会有一天成为她携手一生的伴侣。尽管梁启超希望促成这门婚事，但他也希望婚姻自主。在思成的眼里，他对徽因的爱情糅合了亲情、爱情、欣赏和疼惜。

每个男孩都希望有这样一个清纯女孩，可以和自己一起走过每一天；每个女孩也希望有那样一个男孩，可以背靠着背实现自己的梦想，于是他们的情愫种下了。梁思成这一见，就没有忘记林徽因，即使是后来徽因去了外国，即使是他也耳闻了很多关于徽因的浪漫故事，他始终没变，坚持着自己的那份感情，在原地一直等着她。当林徽因转回头，发现原来那个人一直都在，就在那里等着她。

没有谁的过去是一张白纸，所以思成不愿意追究过去，拥有才是最幸福的事情。

他们的爱情飞速发展来源于思成的车祸，那天也是他们感情史上非常重要的一天。思成带着弟弟去参加游行，被一辆轿车撞倒了，思成被压倒在下面不省人事。

家人奔向出事地点，把梁思成背了回来。梁思成脸色苍白，眼珠一动不动，就像死去一样。过了大约 20 分钟，他才慢慢醒过来，脸上也开始有了血色。梁启超俯身向他，握住他的手，梁思成在他的脸上亲了一下，说："爸爸，我是您的不孝儿子。在您和妈妈把我的全部身体交给我之前，我已经把它毁坏了。别管我，尤其不要告诉妈妈。大姊在哪儿，我怎么能见到她？"梁启超后来写道："这时候，我的心差不多要碎了。我只是说，不要紧了，别害怕。当我看到他脸上恢复了血色的时候，我感到欣慰。我想，只要他能活下来，就算是残废我也很满足了。"梁启超马上叫来了医生，帮梁思成做了全身检查，诊断腰部以上没有什么毛病，只是右腿断了，需要立刻送往医院。

当林徽因听到这个消息的时候，泪水流了下来，她急忙跑到了医院，看着满脸泪水的徽因，梁启超安慰她说不要紧，住上几个月医院就应该没问题，不用过度担心。那个时候，她知道自己的内心对思成的牵挂原来是那样深，如果他有什么问题，自己会是那样的紧张和激动。爱情就是这样，因为你在乎，所以很多事情才会掩饰不了。

当林徽因看着病中的梁思成痛苦的表情，心里异常难过，他的每一声呻吟都牵动着她的心。她为了照顾思成从学校请了假，每天给思成读报纸、喂饭、换洗衣服，有了徽因的陪伴，思成的心情很快就好了起来，他曾经当着母亲的面说着情话。当徽因告诉他，他的消息上了报纸的时候，他说她对什么都不感兴趣，只要能和徽因在一起，就会一辈子都很开心。

林徽因为他憔悴了，这种突然来袭的灾难没有把他们分开，反而让他们的感情更加稳固了，稳如磐石。他们的爱情也得到了梁启超的赞许，他也爱徽因。他曾经在给梁思成的信中说，已经把她当成女儿了，徽因是一个非常可爱的女儿，他甚至会觉得她会是他的第二个成功。

思成的伤势并没有得到医生的准确判断，这种误诊耽误了正确的治疗。梁思成到 5 月底的时候，已经动过了 5 次手术，虽然腿部已经完全接合，他也可以像正常人一样走路，但是却留下了后遗症。从那时起，思成的右腿就比左腿短了一截，这一辈子都有点跛。

他们的爱情也有阻力，阻力来自于思成的母亲。她是一个传统的女人，对于林徽因的这种洋派作风感觉很不适应，她觉得林徽因少了未婚女子的大家闺秀气质，没有那种应有的矜持。作为一个从大户人家出来的女孩子，应该和未婚男人保持一定的距离，徽因的所作所为不成体统，会给梁家丢人。她尤其忌讳徽因和徐志摩的那层似真似假的暧昧关系。她更希望和思成在一起的是传统女子，她总觉得和林徽因这种喜欢抛头露面、毫不忌讳的女子结婚，思成日后会有很多的烦恼。

1923 年 7 月 31 日，梁思成出院。梁启超已经和医生商量好，将梁思成夏天到美国留学的计划推迟一年。梁启超对儿子说："你的一生太平顺了，小小的挫折可能是你磨炼性格的好机会。而且就学业来说，你在中国多准备一年也没有任何损失。"这时，林徽因也从培华女中毕业，并考取了半官费的留学资格。他们已经勾画了美好的未来，准备一起去美国学习建筑。

虽然这次应该算是一次灾难，可是却让两个人更加紧密、更加甜蜜。以前林徽因还会有点左右摇摆，经过这次事件，她已经确定想要和梁思成厮守终生。

福与祸总是相约而来，和徐志摩的纠葛，梁思成的这次伤势，都考验了这个心思细腻的姑娘，她准确地把握了自己的命运，给自己命定了未来。她的纯净美好，就好像一场青春盛宴，她把她的烟花献给了徐志摩，把最美的风华酿成酒，留给了思成珍藏。每一次选择都会有得有失，选择了思成，选择了细水长流的生活，选择徐志摩意味着过诗情画意的生活，林徽因要的终究是幸福、平常的生活，所以注定要和徐志摩擦肩。

因此，两个注定要牵手一生的人走到了一起，准备用他们的一生去完成生命的完满。

「 第二节 」
远在异国，惺惺相惜

如果说徽因的初恋留在了伦敦，那么她的热恋一定留在了宾西法尼亚大学。

徽因的出身注定了不平凡，她留学的经历在那个时代是少数的女子才能拥有的，她的美丽在女子并不能轻易抛头露面的年代，更是如吹来的一缕春风，拂动了万千男子的心，搅得人心蠢动，无不为一睹芳泽而尽心竭力。

和梁思成的相识缘起于梁启超和林长民的关系，他们是很好的朋友，所以希望结成秦晋之好。

梁思成对林徽因是一见钟情，第一次见面就深深地爱上了这个姑娘，那时候梁思成是一个温柔稳重的谦谦君子，却又不乏幽默。林徽因正值水般澄澈、花般娇艳的年纪，明眸皓齿，神采飞扬。她浑身上下散发着一种语言所不能表达的魅力，似灵动的精灵，只一眼，便进入了梁思成的心里。长辈们觉得，他们就是一对金童玉女，从才情到志趣，从家世到经历，两人无不相投相合，可谓佳偶天成，心有灵犀一点通。

在伦敦经历了初恋打击的徽因和父亲一起回到了上海，梁启超派人把林徽因接回了北京，又让她回到了培华女子中学读书。徽因回来后，思成来看她。21岁的思成看起来成熟了很多，他发现徽因变了，眼界开阔，身上更多了一种魅力。他们志趣相投，共同话题也非常多，谈到了未来发展，梁思成从徽因那里第一次听到了建筑，这吸引了他。他喜欢绘画，并一直希望自己可以成为一个职业美术家，建筑正契合他的心意，所以他决定要和徽因一起去美国学习建筑。

1924年7月，梁思成和林徽因到达美国的康奈尔大学，在学校读预期班。林徽因选了户外写生和高等代数两门课，梁思成选了水彩静物画、户外写生和三角三门课。他们希望预修一些学分后，到宾夕法尼亚大学直升建筑系二年级或更高的年级。

这时候他们虽然可以相依在一起，可是思成却受到来自家庭、来自母亲的阻力。梁思成在这段时间收到姐姐梁思顺的来信，信中梁思顺提到了母亲为什么反感林徽因，坚决不赞成他们的婚姻。这让梁思成非常苦恼，林徽因也感觉非常委屈，觉得自己没有做错，虽然说身正不怕影子歪，可是还是让她很忧郁，以致在美国的日子里忧郁成疾。好在梁思成非常体贴，他理解徽因，也相信徽因，这让徽因感觉非常幸福，也庆幸自己没有选错人。

夹在中间的梁思成感觉非常苦恼，他担心姐姐和妈妈难以改变对林徽因的态度，幸好也在美国留学的弟弟梁思永非常理解他们，他一再给姐姐写信，希望姐姐能理解林徽因，还写信给父亲，让父亲劝劝母亲和姐姐。

到了1925年，梁思顺对林徽因的看法完全改变，甚至为他们操办了婚礼，这也是让全家人欣慰的事情。

宾夕法尼亚大学是一所美丽的学府，风景优美，该大学与德克莱赛尔大学毗邻，与哈佛和斯坦福大学被认为是全美最好的三所学院。他们来到宾大报名的时候却被告知，建筑系只收男生不收女生，徽因和思成商量后决定改报美术系，因为她不想离开宾大。可是好强聪明的徽因选择了建筑学作为选修课程。

思成和徽因开始了美丽的校园爱情，这时候的他们无拘无束，每天都特别开心。校园的时光虽然美好但也单调，每天都是简单的重复和循环。思成是一个非常严谨的人，他和父亲非常相似。当思成努力忘我工作时，徽因也非常努力，她是校园里最勤奋的中国女孩，也是很多同学爱慕的对象，宾大的校花。她的穿着没有太大的改变，还是浅色的衣服，深色的裙子，美丽而又婉约。教绘画的老师非常喜欢她，因为她与生俱来的艺术气质，并且有很好的悟性。

在远在异乡的岁月里，思成用他自己的方式关爱着徽因。他们一静一动是互补和谐的。徽因不喜欢过于安静的日子，她总会跑出去和同学玩，有时候也会想带上思成，可是思成却总是专注于学习，空有美女在旁也总是忽略。

同在美国留学的顾毓琇说："思成能赢得她的芳心，连我们这些同学都为之自豪，要知道她的追求者之多有如过江之鲫，竞争可谓激烈异常。"可见她的美貌正如一道美丽的风景。

他们在那段时间也经历了感情的纠葛，也会因为一些小事情爆发争吵，但梁思成更有耐心，因为面对他爱的女子，他总是有男子汉应有的包容、温柔体贴，他经常和徽因约会时等待徽因半个小时以上，徽因每次总是打扮精致后才下楼。一个是为心爱的女子愿意等待，一个是女为悦己者容，他们这样相爱着。

美国同学都非常喜欢林徽因，她在美国这种环境里生存也得心应手，说着流利的英语，活泼、可爱、美貌而又有气质，喜欢交际，就像一朵校园之花，走到哪里都受到青睐。和其他中国留学生的沉闷、死板相比，她就像一朵奇葩，用自己东方的美让人震撼，很多人喜欢她，在经过她身边的时候甚至会打口哨，徽因总是大方地微笑走过。

思成和徽因在上学的时候就经常被老师一起夸奖，夸奖他们的图纸“无懈可击”，因为他们一个严肃用功，一个满脑子都是奇思妙想。他们尽量在不压抑自己个性的条件下，相互容忍和妥协。

大学时代，他们性格上的差异，从工作态度上便可看出。满脑子都是创意的林徽因，常常先画出一张草图或建筑图样，然后一边做，一边修正或改进，而一旦有了更好的点子，前面的便一股脑儿丢开。等到交图的最后期限将到，即使在画图板前不眠不休赶工也来不及了，这时候梁思成就插进来，以他那准确和熟练的绘图功夫，把那乱七八糟的草图变成一张整洁、漂亮、能够交卷的作品。

徽因是一个兴奋型的人，梁思成则是沉稳细致，他们一起完成的功课，每一次都是天衣无缝。这种和谐的互补关系，持续了一生。他们俩合作无间，为建筑贡献出自己的特殊天赋。

在宾大求学的日子，徽因经历了她生命中最惨痛的时光，她最爱的父亲猝然离世。

林徽因得此噩耗后，悲痛万分，大哭不已。她与父亲的感情非同一般，她是父亲最疼爱的孩子，她对父亲的敬爱远远超过了母亲。年仅 49 岁的父亲竟然就此撒手人寰，怎能不叫人伤心欲绝？家里仅有300块积蓄，母亲和弟妹怎么生活？想到这些，林徽因恨不能立刻回国。这时梁启超又发来一封电报，告知家里的事他可以帮着处理，不用她担心，只需她节哀，好好注意身体，继续在美国求学。梁思成也一再劝阻，林徽因终于没有回去，但心里难过至极，整天以泪洗面，很快病倒在床。好在有梁思成无微不至的照顾，她才得以渡过难关。

梁启超告诉思成，因为这种变故，在以后的日子里，徽因的母亲可能就需要思成来照顾。因此，他希望思成能够考虑未来，思成需要回国后找到一份工作，负担起所有的一切。

梁思成和林徽因接受了梁启超的提议，他们决定回国去寻找属于他们的事业和生活。梁思成继承了父亲的睿智和职场理念，所以对自己未来的生活也做好了规划。虽然清华没有建筑系，但是梁启超还是希望自己的儿子可以进入清华大学任教。

他们决定利用这段时间好好充电，好学的梁思成没有离开宾大，他希望自己能够多学一点如何做教师的本领。早就对演艺界向往的林徽因，决定到耶鲁大学戏剧学院读舞美设计。

徽因的求学路一帆风顺，在耶鲁大学，美丽聪明的徽因是同学喜欢的对象，她是第一位在国外学习舞台设计的中国学生，她喜欢戏剧，又有在宾大的美术功底，所以她在同学中脱颖而出，是老师和同学们都欣赏的校花。教授喜欢她，同学们也喜欢她，善良的徽因善于帮助同学。

宾大让徽因成熟，让她成长，胡适曾经在林长民去世两年后去看她，发现她不再是那个不谙世事的小女孩，徽因对他说这几年真的是在痛苦中磨练，改掉了很多过去的毛病，自己也从理想主义过渡到现实主义。

父亲的去世让她知道，她不再是那个可以依靠在父亲身边的小女孩，她要坚强、独立，承担起家庭的责任。虽然失去了一个爱她的男人，但将会有另一个男人和她携手走完未来的路，她不是寂寞的，因为她又多了一个知心爱人。

经过一段时间的学习，思成发现中外建筑的理念有很多无法契合，所以结束了学业，徽因也完成了她的戏剧学习。完成学业的思成和徽因接受了梁启超的建议，准备完婚。

「 第三节 」

滚滚红尘，缘定今生

相识，是缘。

相爱，是缘。

滚滚红尘，相遇已经很不容易，相爱更不知道是修炼了多少年，携手一生，是他们难得的情缘。

多年前，梁启超和林长民就商量着孩子的未来和婚事，现在林长民去世了，梁启超义不容辞地承担起两个孩子婚事的包办权。思成是梁启超的长子，徽因又是他非常看重的孩子，因此他为他们的婚事做了非常细致的安排：既然他们在国外，就按照外国的礼仪和规矩进行一次婚礼吧，安排他们在教堂举行婚礼，由梁思顺全程操办，然后去欧洲度蜜月。

可是中国的老规矩也不能丢，双方家长见面，进行了一遍中国的传统订婚仪式。梁启超怕婚礼太铺张，所以给女儿写了信：“婚礼只要庄严不要侈靡，衣服首饰之类，只要过得去便够，一切都等回家再行补办，宁可从中节省点钱做旅行费。”他们其实也不喜欢奢侈，在乎的是一种独特的方式，可以让他们记住回忆一辈子的刹那。他们不在意婚礼有多豪华，只做了两个决定：一个是林徽因的嫁衣，一个是结婚日。结婚日选的是建筑大师李诫的纪念日，他们都非常崇拜这个建筑大师，所以选了在墓碑上唯一和这位大师有关的日子作为结婚日，虽然那天是个单日。

徽因喜欢传统的婚礼，虽然是西方的结婚方式，她也希望自己是中国的新娘。她不喜欢西方的婚纱反而喜欢中国的嫁衣，所以自己设计了一套礼服，旗袍式的裙装。那天的她格外美，在做女人最美的那一天，她成为梁思成的新娘，那是一张被很多人关注的照片。他们的婚礼隆重而浪漫，在加拿大渥太华举行。

照片里徽因美丽大方，长长的裙摆，领口和袖口都是中国古典的花纹，头饰美得摄人心魄，披纱从帽子一直延续到身上，到处都是柔美的线条。梁思成把一枚镶嵌着孔雀蓝宝石的戒指戴在林徽因左手的无名指上，他温文尔雅地吻了林徽因，他们的爱情在思成吻徽因的刹那开花结果。

当牧师把手伸给他们，许下新婚的祝愿，他们也被紧紧地连接在一起，他们谢过牧师，走出教堂，祝福的人们向他们头上撒去象征祝福的花瓣。

那天她的脸颊泛着桃花，是世界上最幸福的新娘，她曾经写了一首《桃花》，虽然和那天的婚礼没有太大关系，但似乎是那天的写照，幸福爱情溢于言表：

桃花，
那一树的嫣红，
像是春说的一句话：
朵朵凝露的娇艳，
是一些，
玲珑的字眼，
一瓣瓣的光致，
又是些，
柔的匀的吐息；
含着笑，
在有意无意间，
生姿的顾盼。
看——
那一颤动在微风里，
她又留下，淡淡的，
在三月的薄唇边，
一瞥，
一瞥多情的痕迹！

不管是传统婚礼还是西式婚礼，梁思成和林徽因都不需要自己操办，幸福的他们享受着二人世界。

林徽因是幸福的，因为有那么多深爱她的男人。她的父亲曾经带她到外国游历，她深爱的男人带她到欧洲度蜜月。浪漫的欧洲之旅在这一对幸福人的期盼中开始，每一个城市在快乐的心情中都变得美丽不可方物。

旅行，是能促进情侣爱意的更好方式。遵照父亲梁启超的安排，他们这次到外国不单单是游玩，还带着自己的使命，那就是考察外国的建筑。

圣保罗大教堂是他们最先瞩目的一座圣殿。风景如画的伦敦，让他们感受清新的美好。林徽因和梁思成将从这里开始他们的造访之旅。林徽因是旧地重游，丝风片云都感到亲切，而梁思成对这里的一切都是陌生的。因陌生，他才对这座举世闻名的宗教建筑产生了神秘和向往。文艺复兴的建筑——圣保罗大教堂，是他们第一个到达的地方，那里面承载着历史，雕刻着圣保罗到大马士革传教的图画，墙顶上立着圣保罗的石雕像，整个建筑显得对称而雄伟。他们变换着角度拍下了圣保罗的风格。

志同道合的两个人还去参观了布莱顿皇家别墅，那里有淡淡的东方情调。每个女孩子都梦想是公主，心目中都会有一个水晶宫，徽因看得非常快乐，超乎异常的兴奋。就像水晶一样，没有传统的建筑材料，就像真正的水晶宫一样，在晚上，月光和灯光一起互相辉映，晶莹美丽。

每一处都留下了他们的丽影，浪漫的巴黎，香榭丽舍大街、巴黎圣母院、卢浮宫，思成动情地说有她是他这辈子最大的幸福。那是一种甜蜜的感觉，爱情之路终于修成正果，当相爱的两个人望向彼此，看到的是对方眼中的自己，那是一种怎样的甜蜜。

他们离开了英国又去了意大利，那里是建筑的鼻祖，也是他们非常向往的地方，有很多可以学习的事物。古老的罗马车站、西斯廷教堂，每一处都那么迷人。在异国他乡的美景中，他们牵着手走过。

异国的美景美不胜收，让这两个沉浸在爱情幸福中的人流连忘返，爱因斯坦天文台是德国建筑师的代表作，徽因站在那里简直浑然一体，像雕塑家的建筑。思成按动了快门，留下了那美丽的定格。那张照片被很多报纸刊登，林徽因就像是一个美丽的化身。

后来回国后，林徽因还对别人说：“在欧洲我没有一张好照片，你看所有的照片，人都是那么一点点，思成就是把我当标尺啊。”虽然有点小小的嗔怪，确是无尽的蜜意。

法国、英国、瑞士、意大利、西班牙、德国，到处都有他们的蜜月足迹，志同道合的两个人描绘着、探讨着，把这一次爱情蜜月和建筑之旅有机地融合在一起。

回到领事馆，他们看到了父亲发来督促其回国就业的电报，他们放弃了巴黎圣母院、凯旋门的旅游计划，由水路改旱路，回到了日夜思念的祖国。

生活从此翻开了崭新的一页，快乐、幸福、心酸、痛苦，都和以前少女时代不同了，她快乐，因为他，她烦恼，也是因为他，因为从此以后他成为和她日夜相伴的人。

「 第四节 」

默然相爱，生死相依

生活总是很现实，很多年轻人都希望林徽因能和徐志摩走进他们梦中的殿堂，可是他们忽略了什么叫门当户对。诗人的梦想、诗人的浪漫，永远抵不过生活中的柴米油盐，比不上世俗的眼光。诗情画意的生活只能作为生活的装饰品，不能作为生活的必需品。

梁思成和林徽因才是真正的郎才女貌，他们一起读书，一起出国深造，一起到欧洲考察度蜜月，幸福的生活总是萦绕在他们周围，浪漫永远不离他们左右，最关键的是他们门当户对，又有父母的媒妁之言。

梁启超非常睿智，他了解，爱情和婚姻不一样。爱情是“花前月下是美好”，而婚姻是“柴米油盐是单调”，所以他让梁思成和林徽因一起出国、一起学习，其实都是在无形中培养二人在一起的默契度。如果二人不能相互磨合就不能很好地生活在一起。他不着急让他们订婚、结婚，让他们出国留学，在生活中包容对方，其实都是让他们在自由中了解生活的真谛，学会如何生活在一起。

梁思成在婚前曾经问过林徽因一个问题，他说："有个问题我一直想问，为什么是我？"徽因回答："答案很长，我得用一生的时间来回答，你准备好听了吗？"聪明的徽因多么可爱，她用自己的韵味告诉思成，如果想要知道答案就要用一生时间去相守。而思成也确实如此，用自己的一辈子去了解她这本充满韵味的书。

邂逅一个人只需片刻，爱上一个人却需要一辈子。做一个温柔清澈的女子去追求那份平静和安宁，那也是一种美。

从少女时候起，她就和其他女子不同，她比其他人有更好的适应能力和主见。照顾弟妹，帮祖父写家书，和父亲一起去欧洲，她懂爱，也比其他民国女子聪慧，所以她选择了梁思成。也许在很多人眼里徽因没有张爱玲痴情，可是她的结果完美，不会落得像张爱玲一样凄凉。

都说婚姻是一座城，可是大家宁愿被困在这座围墙中，也不愿意孤零零地独自生活。梁思成凭什么让林徽因许下终身，徽因没有回答这个问题，她说，她要用一生的时间来回答这个问题。试问，世间哪个女人不是用一生的时间来回答这个问题，就像一只折翼的天使，因为爱，所以宁愿失去翅膀。

思成是一个好男人，在民国那些人里，他也算是一个一等好男人。当一个男人身上闪现出可以让一个女人为之生死相许的光芒时，这个男人就是无法超越的。梁思成庆幸，让他遇到了这世界上最美最好的女人。

林徽因和梁思成，就好像是两朵并蒂莲花，在最纯真的年代相遇，在最浪漫的时候相知，在最幸福的年代相爱，相守相伴，不离不弃。世间所有的相遇都是久别重逢，他们也是，能在茫茫人海中遇到彼此，是一种怎样的情缘，世上的人都希望遇到那个丢失了的自己，然后相知、相爱，十指相扣，白首偕老。

思成喜欢他和徽因的小家，每一次考察回来都充满期待，满怀兴奋之情。所有的艰辛和跋涉，总是在回到家中的那一刻烟消云散。徽因带着家的温暖在等待着他，等待着这个疲惫的主人。他为她讲考察路上的趣事和成果，徽因则为他奉上一杯香茗，这样的生活没有困苦没有艰难，只有属于家的幸福。

有人说，相爱的人喜欢厮守，所以厮守在一起的时光也是美的。爱着的人都喜欢这种拥有和被拥有的甜蜜，仿佛建筑都有了情感。爱着的人会感觉自己是最幸福的人，清茶淡饭、粗衣素布也开心。安稳对于一个女人来说比爱情更重要，因为爱一个人，他包容了一切，给她一个温暖的臂弯。

徽因每每看到思成拍回的照片，总是一边感叹，一边憧憬着可以和思成一起去考察。时代终究会有兴衰，而艺术却永不褪色，这是他们两个人的梦想。跋山涉水的经历让徽因变得更加灵动。

在这段困苦的日子里，他们钟爱的古建筑艺术照亮了他们的生命，费尽心思的建筑史考察工作为他们点燃了生活的希望。这是他们为饱经沧桑的祖国所能做的唯一的事情，也是他们在那种苦境中寄托灵魂的支撑。

每一对夫妻都不是只有快乐，也会有痛苦，会有很多的不可思议和要面对的现实。现实就像是一杯酒，看似好像平常，喝下去才知道它的五味。

那一年，在李庄，她病倒了。

八年抗战，让一个沉睡的民族觉醒。

九年流亡，让一个美丽的女人形销骨立，病弱不堪。

她多希望自己可以像鸟儿一样，可以和思成一起去考察、去调研，可是她只能在病床上。

很多年之后，有人责备林徽因之死和梁思成有关，因为他当年拒绝赴美，只有思成知道，徽因不会怪他，因为这也是林徽因的想法，他们爱自己的祖国，爱祖国的一切。梁思成说："我们都没有后悔，那个时候我们急急忙忙向前走，很少回顾，今天我仍然没有后悔。"

思成不了解徽因和徐志摩的感情，可是他知道，自己是幸运的，因为徽因就像那天空的明月，而自己就是离她最近的那颗星星，虽然他没有徐志摩的浪漫多情，可是徽因喜欢和他在一起，和他在一起是平和与自在。让她感觉到一切都是那样的真实，因为风花雪月再美，也离不开一粥一饭的生活。他们的爱，是可以一起牵手漫步的温暖，是可以为他洗衣做饭的简单。

「 第五节 」

浪漫如始，宛若白莲

有人说：“爱情是未必和他在一起，是知道他在，知道他好就足矣。”徐志摩和林徽因就是这样的关系。而梁思成却是陪伴徽因始终的男子，他们的爱情不离不弃。

梁思成和林徽因的爱情温吞而让人舒服，这也是林徽因选择梁思成的一个重要原因。徐志摩像个师者，像个长者，爱情让人迷醉，但总有太多的未知和不快乐；梁思成不爱讲话，他喜欢倾听徽因讲话，他们是同龄人，有时候像个学长，爱情让人愉悦。在徐志摩身边，她永远是一个需要宠爱的小女生，他对她亦父亦兄；在梁思成身边，她可以无所顾忌，两个人是两小无猜的情侣。

虽然在思成之前，她和徐志摩有过浪漫故事，在思成之后，她又有金岳霖这个“蓝颜”知己，但她依旧坚守在他的身边，有了他们爱的结晶，一起去做他们共同的建筑事业。

林徽因在建筑设计上有着过人的敏感，天资聪颖，超过众人，梁思成也认为爱妻的资质比他要高。然而，只有她的家人知道，这位才女在和梁思成一起工作的日子里，从来只肯画出草图便要撂挑子。她有灵感，但不喜欢坚持，后面自有梁思成来细细地将草图变成完美的成品。而才女林徽因这时便会以顽皮小女人的姿态出现，用各种食物来讨好思成。

其实，这也是男女交往的技巧，聪慧的林徽因不是不能自己完成绘画，只是她更喜欢这种被宠爱的感觉，那是一件非常快乐的事。也许她要的就是梁思成对她的这种宠爱，而夫妻间的乐趣在于情趣，梁思成也愿意这样宠着林徽因。

有人说，女人可以这样不讲理，只因为那个男人爱你。

徐志摩在追求林徽因时，发现张幼仪已经怀孕，便说："把孩子打掉。"那年月打胎是危险的。张幼仪说："我听说有人因为打胎死掉的。"徐志摩说："还有人因为坐火车死掉的呢，难道你看到人家不坐火车了吗？"

也许这就是梁思成和徐志摩的不同，梁思成给人沉稳和踏实的感觉，那感觉叫做生活，他是那种可以让人依靠的男人，可以为心爱的女人永远奉献自己的肩膀，为她提供爱的港湾。林徽因也会对思成任性，因为疾病，思成都默默承受了，因为他是她一辈子的选择。

林徽因在建筑上是一个刚烈的女子，在北京城墙上也有自己的坚持，可是这也不能改变她对身后那坚实臂膀的期待，这种说不清楚的东西，就是一个男人的责任感，这也是女人想要男人身上具备的东西。徐志摩可能少了那一点点，至少他对张幼仪表现得如此。

梁思成和徐志摩那样的才子比起来，少了一份诗情才韵，但是却让人踏实，可以依靠。他是那种心中有海的男人，有人问：林徽因和梁思成在一起幸福吗？这个问题也许只有林徽因最清楚。

梁思成曾经提出保护京都和奈良，日本偷袭珍珠港后，美国准备向日本投原子弹。梁思成去拜访，让美国在此之前保护好日本的建筑。他说，大概意思是这样：我对日本也是深恶痛绝，但毕竟建筑不只是属于日本这个国家，而是属于全世界的共同遗产。这是一个看似不可以理解的决定，超出了他正常的工作范围，可是他这样做了，用他自己的话说，如果从个人感情出发，他恨不得炸沉日本，可是建筑不是某一个人的，是一个民族的，更是全世界的文化结晶。从这件事我们可以看到梁思成的高贵之处，因为他在工作中展现出了仁爱与责任。

林徽因的身体一直不好，在疾病中挣扎，六年的疾病生涯让林徽因非常憔悴，她不能劳动了，就躺在那里看着思成，指挥他干活，长期的病痛，锻炼了她的意志，也许这时候她感觉到了幸福，可以只享受家的温馨。思成看着病中的她，心里都是疼爱，他亲切地称她为“我病中的美妻”，也愿意为她做她喜欢的事，只希望她的身体能好起来。

徽因的脾气有时候让他手足无措，可是他知道，她那么要强的人，这正是她无可奈何的表现。他唯一能做的就是照顾她、迁就她、爱她、宠她。

婚姻，需要的是相互扶持，需要的是互相关爱。徽因和思成最苦的时候是在昆明，那时战争肆虐，还要接受贫困的考验。他们紧紧牵住对方的手，一起努力。这个本来就不怎么富裕的家庭，在逃亡和迁徙途中，变得越来越贫困。这时候，思成却病倒了，为了家人她去了离家很远的云南大学挣课时费，那时的徽因很辛苦，不但要赚钱还要承担所有家务。

在最艰难的时候，她依旧乐观和开朗，梁思成看着这时的妻子，仿佛看到了当年在床边照顾他的女孩。金岳霖去看他们，他看到的是林徽因依旧那样迷人、活泼、富于表情和光彩照人。

为了让长身体的孩子能够吃得好点，为了病中的丈夫能够增加营养，她思考着如何让粗糙的食物更有吸引力，为了能够让病中的丈夫更加开心，她花一半的工资为他买一把量尺。这就是困难中的林徽因，依旧保持着宛若白莲般的高洁和浪漫。李庄的家里也让她布置得很温馨。

当林徽因病得无法再起床的时候，梁思成接替了林徽因平时的工作，开始做家务，照顾徽因，他们在如此艰难的岁月里携手向前。

徽因和思成的爱非常深沉，他们一起经历欧洲漫游的快乐，也一起经历李庄的贫穷，正是这种患难与共的爱情，让他们相濡以沫。李庄的岁月非常艰苦，没有电，没有自来水，每天伴随他们的是臭虫和油灯。外国友人邀请他们去美国定居，他们却坚持要和自己的祖国一起受苦。

抗战胜利了，人们发现，这对夫妻竟然在李庄写出了十一万字的《中国建筑史》，我不知道他们在一起是否幸福，我只知道，两个已经交换了灵魂的夫妻一定是上辈子1000次回眸的等待，他们才会生活相伴，灵魂相知。

因为有了共同的理想，所以他们紧紧地牵着手，共同欣赏着中国历史建筑瑰宝，体会着无与伦比的幸福。建筑和艺术，被他们完美地结合在一起，让他们共同成长，成为中国建筑史上的丰碑，无法替代的伉俪。

第四卷

参透轮回，相伴在人间

「第一节」

诗情宛转，气韵如兰

这是一个充满诗情画意的女子，承袭了南方的温婉和北方的坚韧。

初读徽因，是因为徐志摩的缘故。那时翻阅徐志摩的传记，被封面上的一张少女照片所吸引，即徽因被引用最多的照片，明爽的短发，白衫黑裙，左手随意搭在一旁，右手则倚着大朵大朵灿烂的花，少女浅浅的笑容，有着不可言说的美丽，真真是“气质美如兰”。

她的美丽让她赢得了三个男子不离不弃的爱，赢得那个年代很多人的倾慕和敬仰，可是她也是孤独的，宛若一朵白莲在水中央，美丽，卓尔不群。

在那个才女如云的民国，徽因做到了与众不同，她的爱情也圣洁纯净，比起那些爱得伤痕累累的女子，她非常幸运，这幸运缘于她的洁身自爱。她不像张爱玲那样尖锐，也不像陆小曼那样喜欢玩乐，她做着美好的自己，宛若白莲。

那个年代，她是很多男子爱慕的对象，却不被那些女人们追捧，她喜欢和西方的女孩子做朋友，因为她们不像东方女孩子那样小肚鸡肠，喜欢嫉妒。她喜欢和那些男人做朋友，喜欢和他们畅谈。她不是因为美貌被他们宠着，而是她有思想，那些男人们尊重她。她对很多事情有着很深刻的见解，所以那些男人才会成为“太太客厅”的常客。

一个美丽的女子就是一本书，结局就是谜底，需要每一个人去仔细阅读到最后才能发现故事情节的离奇和起伏跌宕。

当思成牵着徽因的手，到郊外对古建筑进行考察和测量时，他一边工作，一边看着在一片山水之间的徽因清秀的容颜，显示出她独有的宁静与美丽。思成深情地看着妻子，觉得幸福就是那样的简单。

女人是美丽的，很多东西可以装饰女人的美丽：珠宝、衣服、香水，甚至是一个头饰、一个微笑。可是这个世界上真正能令一个女人跨越年龄地显示她的优雅、端庄，依靠的只有气质。那是一种内在的涵养与外表完美结合的产物，这种美丽才可以永恒。

林徽因就是这样一个性情女子，自我、自信。她的美丽在于她的内心世界，开阔的胸襟、绝顶的聪明、出众的才华和丰富的阅历，这些磨砺汇聚成一股内在的精神气质，犹如一把刀，把林徽因的面庞雕刻得如梦境一样迷人。

徽因不高，娇小玲珑，她的声名并不显赫，只不过是教授，但是这是一个让我们敬佩的女子，她在碧海蓝天之间向我们款款走来，震惊和亲近并存，我们跨越时代想靠近她，可是我们无论如何想靠近，都走不到她的近前。因为我们和她隔着跨越时空的距离，隔了整个时代。

林徽因曾在一篇文章中这样说：“让我们共同酸甜的笑纹，有力的、坚韧的横过历史。”那个年代，那个背景，产生了这样一个脱俗美丽的女子，她把自己的内心涂上美丽的颜色。再也不会有和她一样美丽的女子，用艺术修养去书写建筑，形成独一无二的建筑旗帜。

她学贯中西，是建筑家，也是诗人，她的最初成就也是以诗闻名，现在流传下来的徽因的诗作共有63首，其他的作品都在战争中丢失了。她的诗语言清新，笔调婉约，把人们带到了美好的文字世界。

那一年，志摩去世，她写下了悼文，以后每年志摩的忌日，徽因都会祭奠他，写下了一首非常动人的《别丢掉》。

别丢掉
这一把过往的热情，
现在流水似的，
轻轻
在幽冷的山泉底，
在黑夜，在松林，
叹息似的渺茫，
你仍要保持着那真！
一样是明月，
一样是隔山灯火，
满天的星，只有人不见，
梦似的挂起，
你向黑夜要回
那一句话——你仍得相信

山谷中留着
有那回音！

悲伤的月份就这样悄悄地走掉了，本来以为悲伤的日子会很漫长，但是当一个人在努力地生活，努力地做着自己想做的事情时，就暂时忘记了曾经的伤痛，取而代之的是一种轻松快乐的满足感，时间就这样不经意地带走了所有的不快乐，这就是岁月的魔力。

我们仿佛看到一朵百合，绽放着美丽的忧伤，清新可爱。徽因的才情是多方面的，她写诗歌，写剧本，写小说，写散文，每一种文章样式她都尝试过。

徽因的作品就像她的人一样，有着一种超凡脱俗的气质，她的感性，她的灵动，让她的作品也仿若不食人间烟火，美得让人心疼。

「 第二节 」

白山黑水，柔情似云

东北大学，成立于1923年，张学良任校长，有文学院、法学院、理学院和工学院，是徽因和思成开始梦想的地方。正像少帅一样，这里大胆启用新人，所以很多年轻有为的人来到这里。

建筑学是一门新兴学科，在国内也是首创。国内没有这样的人才，宾夕法尼亚大学建筑系毕业的杨廷宝听说了这件事，马上推荐了自己的好友梁思成，于是东北大学筹备委员会就决定聘请梁思成。梁启超非常赞同儿子到东北大学锻炼，接到被录用的消息，思成和徽因还在欧洲度蜜月，他们来不及结束剩余的里程就开始准备回国。

夫唱妇随的日子开始了，美丽的徽因在另一个自己不熟悉的城市开始了一段崭新的生活，她的默默相随为中国建筑学注入了无形的力量。她把自己的梦想注入在夫君的梦想里，她和思成一起为中国的建筑史填上了最浓重的一笔。她应了拉斯金的话："真正的妻子，她无论走到什么地方，家便围绕着她出现在什么地方……"徽因知道，她的爱，她的梦想，她的一切，以后就永远和这个叫梁思成的男人分不开了。

建筑系的学生们也不懂建筑学是什么，一切都是从零开始。思成和徽因更喜欢培养学生的道德品质，徽因不觉得累，她会经常看着思成，看着他一脸认真地备课。梦想，是一个美丽的字眼，每个人都希望为梦想而努力。在追梦的路上，她不愿意停下，因为她的前面有一个男人，有了他的陪伴，这条路温暖而充满光明。他们虽然出身于富贵家庭，却非常能吃苦，这也是他们良好品德的体现。

徽因看着忙碌的思成，感觉到幸福而快乐，夫妻间共同的志向就像粘贴剂，把他们二人牢牢地凝固在一起。爱情是梦想的翅膀，因为神奇，所以没有不能到达的地方。他们用自己的个人魅力征服了学生，学生们诧异，为什么只是和他们年龄相差无几的老师上课如此风趣幽默，旁征博引。学生们喜欢到思成家探讨问题，也喜欢他们家里那种诗意的温馨和浪漫。

让徽因最开心和兴奋的，是她为东北大学设计的校徽被采纳，虽然她画的"白山黑水"图案来自于校歌，可是也抓住了北国的精髓。

她是一个女人，爱上浪漫的女人，是从伦敦的雾里走出来的女人。大学讲师的日子，她做得很惬意，即使送走学生也会工作到半夜，每一次梁思成都会把她从书桌旁拉走，为她体贴地沏一壶茶，她也在丈夫的宠爱下甜蜜入睡。

她只是一个小女人，不会去苛求什么，她喜欢这份宁静，喜欢黑夜下的静谧。虽然沈阳的冬天很冷，但是有了爱的滋润，静寂的夜充满了甜甜的味道。

徽因怀孕了，这时候梁启超去世了，她忍着巨大的悲伤和妊娠反应和思成一起操办丧事。这个慈祥的老人，和父亲一样深爱着她的老人离开了，她那种失去挚爱亲人的伤痛非常强烈。他们为梁启超设计了他们回国后的第一件作品：梁启超的墓碑。这座墓碑高 2.8 米，宽 1.7 米，正面刻着“先考任公府君暨先妣李太夫人墓”，背面是几个子女的名字。整座墓碑庄严大气，古朴稳重，就像是任公的一生。这个老人一生著书无数，却没有留下只言片语给后人。

在那个依旧寒冷的冬天，悲痛的思成和徽因回到了学校，徽因的身体开始变差，经常感冒，大家都在开心地迎接着小生命的到来，可是徽因却感受不到这种欢乐，她吃什么都会吐，连水也不例外，整个人异常消瘦。思成心疼不已，只希望可以替妻子分担。

林徽因是一个外表柔弱、内心坚强的女人，虽然这种不适应已经让她非常不舒服，可是她只要站在讲台上就又会神采飞扬，忘记怀孕带来的各种不适。她说：“我站在讲台上，面对着我的学生，我才能暂时忘掉身体的不适。”柔情如水的她是真的舍不得自己的学生，舍不得放弃自己一直追求的梦想。

随着徽因身材慢慢从消瘦变成臃肿，她也渐渐适应了种种变化，梁思成发现她变了，变得更像一个母亲，虽然有的时候也会因为宝宝突然踢一脚而一声尖叫，像个小女生那样好奇和喜悦，可是她也变得温柔沉静了许多，坏脾气越来越少了。

新学期开始，建筑系又迎来了三位新的留学归来的老师——陈植、童寯和蔡芳荫，为东北大学的建筑系增添了一股新的力量。他们都是思成和徽因的同学，几个年轻人在学生时代就因为兴趣爱好成为知心的朋友，现在又在一起工作，每天都有着说不完的话题，每天都有新的教学方案提出来，建筑系的教学就在大家共同的努力下，一点一点地走向了正轨。初夏时节，徽因与思成在参照了沈阳的古建筑风格之后，又设计了沈阳郊区的一座公园——肖何园，这座园子得到了大家的赞扬与好评。

从沈阳开始，梁思成和林徽因只要有时间，就会去郊外考古，那是他们的兴趣和梦想，他们用丈量的方式和深爱的建筑亲密相拥。可不是每个人都懂得这些古建筑的意义，他们曾经为了保护钟鼓楼和沈阳市市长力争，因为毁坏容易保护难，它们一旦消失就不能再恢复了，可是每一次他们为了保护古建筑的抗争都以失败而告终，每一次的拆毁都让他们痛彻心扉。

林徽因注定不是一个平凡的母亲，她竟然挺着大肚子依旧测绘和量尺，梁思成拗不过她，也只好每次都带着她，她不喜欢闲着，帮着量量尺也好。

在憧憬中，他们的第一个孩子出世了，这个粉雕玉琢的女孩给他们带来了快乐，一举一动都牵动着徽因的心。这个乳名叫做“宝宝”的女孩，名字叫做梁再冰，这个名字也是为了纪念那个睿智的老人，那个爱他们胜过爱自己的父亲，因为梁启超号称“饮冰室主人”，初为人母的她似乎已经懂得了天下所有父母的心情。就像那首诗说的：“当女人成了母亲，花便成了树。”徽因变成了一棵美丽的树，荫蔽着襁褓中的婴孩慢慢地成长。

东北局势越来越紧张，徽因的身体也需要休养，所以梁思成决定带着她回北京养养身体，东北大学已经是风雨飘摇，为了徽因和宝宝，思成放弃了他一手创办的东北大学建筑系，带着妻子和女儿回到了北京。对于林徽因和梁思成来说，东北大学是他们努力的结晶，他们三年的积淀积累了丰富的经验，新的生活和工作将在清华大学开始，延续他们的成就。

梁思成和林徽因在东城墙靠近北布胡同的地方租了一个四合院，这里环境清幽，林徽因非常喜欢，也许她就是寂静的，所以对一切静如白莲的景色都钟爱，在这个胡同里，他们开始了崭新的生活。和他们做邻居的是清华大学哲学系的教授——金岳霖，朋友们都亲切地称他为“老金”。在这个简单而诗意的小院里，他们开始了崭新的生活，向着更加辉煌的事业冲刺。

三年后，他们的另一个孩子出生了，是一个男孩，在那个还是男丁至上的年代，这个男孩的出生是梁家的一件大事，他是整个家族的长孙，所以也是整个家族的宝贝。林徽因和梁思成为他起名“梁从诫”，和他们新婚日期一样，也是为了纪念李诫，这里面承载着这对年轻父母的殷切希望，徽因成熟了，她爱她的孩子们。她为梁从诫写下了那首大家耳熟能详的诗《你是人间四月天》。

很多人都误以为那首诗是写给徐志摩的，其实那是林徽因母爱光辉的写照，我们从诗里看到了爱，看到了赞美，看到了温暖。在每一个母亲的眼里，孩子都是宝贝，是美丽的天使。

在徽因眼里，孩子的美是那样纯净自然，他单纯的脸庞，可爱的笑容，都牵引着这个年轻妈妈的心。从梁再冰出生后，徽因身体就一直虚弱，咳嗽、发烧更是时常伴随着她。可是她看着这个小生命，他努力地用他的小手去碰触这个世界，他前一瞬还泪珠挂在脸庞，下一刻就可以把笑容带给每一个人。

病中的林徽因露出了微笑，被疾病折磨的她有了希望，那希望就像四月天一样清新。孩子的笑，就像是四月的风，在空气中盘旋，孩子的柔软，像云烟，让人不忍碰触，像是梁间燕子的呢喃。这是孩子带给林徽因的温暖，是让她感动的温馨的爱。

这首诗是写给梁从诫的，可是这样的殊荣并非只给了儿子。在林徽因死后，梁思成整理她的遗物时，发现女儿的照片背后，徽因写给女儿的唯美的诗《滴溜溜圆的脸》，那是对女儿爱的表达。

孩子的出生，是成人的责任。林徽因不是一个传统的女人，她也向往西方的自由，不希望被束缚，希望有自己的事业，可是为了孩子，为了家，她不得不做一个家庭主妇，去操持他们的家庭。林家和梁家的事情都需要她的照顾，她也在后来深深遗憾，觉得因为家庭琐事让她没有太多的成就。

她为了爱，为了梁思成，为了她可爱的孩子，放弃了她的理想，成为梁思成的支持者，成为母亲，成为用爱去包围孩子的女人。

她是一个热心的主妇，是一个温柔的母亲，这样的爱，不但给了孩子，也给了家人和亲友，甚至后来认识的陌生人。她用温柔托起一片天，用爱照亮生命的每一个角落。

「 第三节 」

诗溢香山，花开半季

思成爱徽因，最怕的事情就是她生病。林徽因的病，在她生完第一个孩子后非常明显，再加上生命中一次次的打击，让她的身体更加虚弱。梁启超的丧事让她疲惫；孕期和产后没有得到很好的调理，让她气血不足，她没有时间去恢复；生产后一个月，又踏上了讲台，种种压力让她的疾病雪上加霜。

徽因又病了，她总是发烧、咳嗽，吃不下东西，没有力气。疾病困扰的徽因变得脾气暴躁，曾经快乐的女子在疾病面前显得非常脆弱。徐志摩去沈阳探病后建议梁思成带徽因回北平，北平的温暖适合徽因养病，梁思成带徽因住进了北京布总胡同三号院。

可是检查的结果却并不好，医院诊断林徽因得的是肺结核，这个病在现在看来不算什么，可是在那个年代，却是不治之症。徐志摩最崇拜的曼殊菲尔就是得这种病离世。虽然当时已经发现药物可以控制病情，但是也会慢慢地让人的身体耗尽所有体能。患肺结核的人到最后会在肺部出现空洞，咳血而死。林徽因和林黛玉一样，她们得的是同样的病，结局也都是在美丽的年华悄然而逝，也许是上天嫉妒所有有才情的女子，所以总是让她们在健康方面不完美。

看着她憔悴的面容和清瘦的脸庞，思成非常担心，他把徽因送到香山去养病。在香山半坡上有一个“双清别墅”，那里非常美丽，还有一个很好听的名字“梦感泉”。徽因在这里度过了一个美丽的花季，伴着香山优美的风景，她诗性大发，留下了一首首动人的诗歌。

香山的夏季更美，绿意与细雨一起袭来，像诗，一首动人的诗。思成在不忙的时候也会上山陪徽因，他让人把书搬到了山上，和她一起研究诗文。他不希望徽因太辛苦，怕她闷在家里看书，所以也会拉着她一起到山上走走。香山的山路有点微陡，花草树木的香味与泥土的味道完美结合。

思成让女儿和林徽因的母亲上山陪她，萦绕在她身边的是他带给她的温暖和舒适，好的环境与良好的心境相结合，经过几个月的调养，徽因的病好了很多，咳嗽症状也得到了缓解。

那段时间是美好的，因为她放下了一切烦琐，回归诗情，做回了那个像白莲一样的女人，没有了烦琐事情的干扰，她依旧是那个才华横溢的女子。

深秋的十月，高高的山峦和舒展的山脊，好像约好了似的，一夜之间，脱掉穿了近一年的素雅淡装，突然换上最漂亮的时装，展示在人们惊愕且无比欣喜的目光中。那绯红的、橙黄的、绛紫的、赤红的色调，如云霞，如极光，如火焰，将古老的香山打扮得如同鲜花盛开的春山，绚丽极了。

住在香山，别样的景致，更让徽因心中诗兴大发，她似乎忘记了自己的病痛，如痴如醉地沉浸在自己的诗作中，徽因的诗歌风格受徐志摩影响最大。在伦敦求学时，她就是浪漫主义诗人的崇拜者，拜伦、雪莱、泰戈尔这些名家都深深地影响着林徽因，因为志摩的苦恋，他的才情、他的诗意都深入徽因之心，也把她慢慢培养成一个浪漫主义诗人，滋生风花雪月的情愫。

徽因就是那个年代的小资女，她写诗常常在晚上，据徽因的堂弟林宣回忆，徽因写诗的时候一定要“点上一柱清香，摆一瓶插花，穿一袭白绸睡袍，面对庭中的一池荷叶，在清风飘飘中，吟咏酿制佳作”。她就应该是一个仙子，想想这样的美景也醉了，一个诗情画意的仙子在那里凝视，酝酿着诗文，出口成章，妙笔生花。

徽因就是一个这样让人陶醉的女子，她有自己对美的审视，可以为自己营造出浪漫的气氛，难怪诗人志摩会为她魂牵梦萦。徽因曾经对思成说：“我要是男的，看一眼就会晕倒。”思成故意气她说自己就没有晕倒啊，徽因假装生气，说他不懂美感，思成就笑着把妻子搂在怀里，赞扬着她的诗作。

在香山的这段时光，是徽因诗作高产的一年。《激昂》《莲灯》《山中一个夏夜》《中夜中生》《秋天，这秋天》《别丢掉》等，这些诗里我们看到了一个心思细密、浪漫火热的林徽因，她想象力丰富，勾画的是一个又一个诗意的世界。人生如酒，而徽因这一杯是酝酿了很久的红酒，让人沉醉。虽然被疾病困扰，但徽因的诗里没有消极思想，在她的心里还有很多的期待，人生是一首歌，而她就是歌者。这样一个阳光积极的女子，灵魂会永生不息。她写诗，是为了让自己的灵魂可以放任飞翔，也是为了打发枯燥无聊的光阴，给她多病的生活增添上七色光。

1931 年 4 月，她写了第一首诗《谁爱这不息的变幻》，语言清新华丽，从此诗坛上又多了一个清丽的声音，一个让人足足可以记住一辈子的女诗人：

谁爱这不息的变幻，
她的行径？
催一阵急雨，
抹一天云霞，月亮，
星光，
日影，
在在都是她的花样，
更不容峰峦与江海偷一刻安定。
骄傲的，
她奉着那荒唐的使命：
看花放蕊树凋零，
娇娃做了娘；
叫河流凝成冰雪，
天地变了相；
都市喧哗，
再寂成广漠的夜静！
虽说千万年在她掌握中操纵，
她不曾遗忘一丝毫发的卑微。
难怪她笑永恒是人们造的谎，
来抚慰恋爱的消失，
死亡的痛。
但谁又能参透这幻化的轮回，

谁又大胆地爱过这伟大的变换?

山上的美景让徽因迷恋，所以诗歌也清新婉约。徽因又写了《那一晚》《情愿》两首诗，这些诗作都发表在《诗刊》第二期上：

《情愿》

我情愿化成一片落叶，
让风吹雨打到处飘零；
或流云一朵，在澄蓝天，
和大地再没有些牵连。
但抱紧那伤心的标志，
去触遇没着落的怅惘；
在黄昏，夜班，蹑着脚走，
全是空虚，再莫有温柔；

忘掉曾有这世界；有你；
哀悼谁又曾有过爱恋；
落花似的落尽，忘了去
这些个泪点里的情绪。
到那天一切都不存留，
比一闪光，一息风更少
痕迹，你也要忘掉了我
曾经在这世界里活过。

这首《那一晚》，是我最爱的一首，总是在边读这首诗时边幻想她当时的心情。

《那一晚》

那一晚我的船推出了河心，
澄蓝的天上托着密密的星。
那一晚你的手牵着我的手，
迷惘的星夜封锁起重愁。
那一晚你和我分定了方向，
两人各认取个生活的模样。
到如今我的船仍然在海面飘，
细弱的桅杆常在风涛里摇。
到如今太阳只在我背后徘徊，
层层的阴影留守在我周围。
到如今我还记着那一晚的天，
星光、眼泪、白茫茫的江边！
到如今我还想念你岸上的耕种：
红花儿黄花儿朵朵的生动。
那一天我希望要走到了顶层，
蜜一般酿出那记忆的滋润。
那一天我要跨上带羽翼的箭，
望着你花园里射一个满弦。
那一天你要听到鸟般的歌唱，
那便是我静候着你的赞赏。
那一天你要看到零乱的花影，
那便是我私闯入当年的边境！

林徽因找回了自己，在和徐志摩接触的日子里，和他重逢的每一天，都激发着她的浪漫和诗情，尽管他们已经有了各自的生活，有了自己的另一半，可是他们仍旧是彼此世界里可以关心、可以思念的人，这样的感情一辈子只能有一次。

总觉得林徽因和林黛玉有很多相似之处，她们都浪漫，高傲，洁白无瑕，有着很高的才情，都是美丽的女子。可是她们又不同，因为徽因更向往烟火，所以她做不到林黛玉的清高厌世；林黛玉可以拿自己的青春、自己的一生来赌注，只因为对宝玉的爱情；林徽因却知道自己输不起，所以她只能献上自己那一段青葱岁月。

诗意的林徽因在世事烦乱的时候也没有停止她的情思，她用笔写下她的心语，和文字邂逅，在文字里徜徉。林徽因的诗不需要时间来记载，她的生命是跳跃的，她永远生活在春天，生活在最美的四月天。尽管她的生活也有不完美，但是我们看到的是一个聪慧的林徽因，我们忽略了阴晴圆缺，看到了花好月圆。

她的身上，不只有理性的建筑学者的思想，还有着美丽的“一身诗意千寻瀑”。这一年，她的很多诗作在刊物上发表，她静养的这段日子享受了安静也收获了友情，她本爱热闹，喜欢朋友聚会，这也许是她和林黛玉不同的地方，她喜欢热闹多过于冷清。来看徽因的都是一些文人和社会名流，像冰心、沈从文、金岳霖、韩湘眉这些都是常客，来的最多的是徐志摩，这种喝茶小聚的日子是林徽因所向往的，现在在病中实现了梦想。

一段诗，一段情。她从诗意的花园内走过，沾染了一身芬芳，留下了身后一片美丽的清新。那段时间，她和徐志摩也经常一起探讨文学和诗歌，徐志摩也把她当做红颜知己，向她诉说自己和小曼生活中的不快和争吵，他们之间的感情超越了爱情，超越了友情，也许正是这第四种情感的理智让他们成为彼此心心相惜的挚友。徐志摩曾经不止一次地说过，只有和林徽因在一起，他的灵魂才能真正的释放。那时的陆小曼和徐志摩的爱情没有了花前月下，只有永不停息的争吵，小曼喜欢交际，每日喝酒跳舞，挥霍无度，让徐志摩非常疲惫和不开心。

美丽的香山，在林徽因短暂而多彩的一生，无论是文学还是建筑学上，都是一个不容忽视的起点。那里的亭台楼阁，虬枝纵横的古松，还有那山涧的清泉和盘山的古道，不知是否还记得她匆匆的身影，她的足印，她的诗……时光如水，林徽因只能在自己的轨迹里前行，虽然没有风光无限，但也山水相宜。虽然她美艳动人，很多人喜欢，但她也是寂寞的，她的寂寞缘于她的洁身自爱，像极了白莲。

「 第四节 」

梦中白莲，一池芬芳

是你，是花，是梦，打这儿过，留下你的清香，带走万世的景仰。

她是一个传奇，是民国的骄傲，出身名门，少女时代和父亲游遍欧洲，增加阅历；接待泰戈尔，她是京城炒作的名媛；她是徐志摩的最爱，是他诗情的爆发体；她是梁思成的爱妻，是那个时代“太太客厅”的主角；她是金岳霖一生追逐的爱慕对象，是最忠诚的粉丝。这样的女子，怎么看都是一道诱人的风景，在她的身上都是故事，她就是一本耐人寻味的书。

美满的家庭让林徽因沉浸在爱中，事业上的成就也让她与众不同。女人能做到像林徽因那样，可以堪称完美。老天是公平的，让她成了上帝的宠儿，给了她一个好的出身，一个好的丈夫，一个完美的家庭，一番好的事业，让她成为一个才华横溢的女人，所以只能让她的身体成为她的不完美，让她早逝。

有人说：林徽因向来是一个群体的中心，不管是远远向往着的群众，还是登堂入室加入她沙龙的客人，我们得到的画像总是一群男人如壁脚灯一样地抬头仰望她，用柔和的光线烘托她，愈发显得她眼波灵转，顾盼生姿。

生命有长短和周期，在有限的时间活得精彩是我们每个人的目标。林徽因是一个从容大度的人，她不会让自己深深沉浸在那段逝去的爱恋中，而是穿过层层障碍，寻找花开。徐志摩的死曾带给她无限伤悲，可是日子还是要过，她努力地支撑，让自己活得更加精彩。

林徽因不但是一个悠闲恬静的女子，更是一个生活在浪尖上的女强人。她在诗情画意里让人沉迷，又在另一个空间呼风唤雨，卓有成就。那一年，她参加朱光潜、梁宗岱每月举办的沙龙，美丽的徽因仍是大家的焦点。文学一直是她所钟爱的永不落幕的事业，不管她变成一个家庭主妇还是在建筑领域叱咤风云，在众多文人心目中，她永远是那个四月天里的纯情少女。

我说你是人间的四月天，
笑响点亮了四面风；
轻灵在春的光艳中交舞着变。
你是四月早天里的云烟，
黄昏吹着风的软，
星子在无意中闪，
细雨点洒在花前。
那轻，那娉婷，你是。鲜妍百花的冠冕你戴着，
你是
天真，庄严，

你是夜夜的月圆。
雪化后那片鹅黄，你像；新鲜
初放芽的绿，你是；柔嫩喜悦
水光浮动着你梦期待中白莲。
……

这似乎是让人永远记住徽因的经典之作，事业的成就让人对徽因另眼相看，可让人记住徽因的，是因为她的文学才华。想起林徽因就会想起：你是一树一树的花开，是燕，在梁间呢喃，你是爱，是暖，是希望，你是人间的四月天！这句诗已经把徽因定格，这个秀外慧中的民国才女总是用她非凡的魅力展现给世人，吸引着世人。

这时的徽因已经不再是伦敦街头的那个小女孩了，她是两个孩子的妈妈，是梁思成的温柔妻子，她以多病之身操持着一家人的日常生活，侍奉母亲，相夫教子。她无论多忙，都会留出空间给建筑、给诗歌、给绘画和音乐、给自己的朋友，因为那是她最美的时刻，她在自己的艺术世界里遨游驰骋，当她沉思的眼眸发亮，说明她想要和朋友分享她的心得体会以及灵感涌现的感动，这是她最迷人的地方，是她的魅力所在。

初读《你是人间四月天》，觉得徽因写这首诗的时候应该是在她二十岁左右，青春年少，无限遐想，却不知那时她已经是两个孩子的妈妈，已经三十岁，对爱的解读，对美的追求一直萦绕在这个多情女子身上。不管岁月如何变迁，她依旧是那朵白莲，赫然于世。

很多事情，徽因都有自己的独特见解，她慨叹：世界上最悲哀的爱情，不是两个相爱的人不能相守，而是一份纯真的友情，得不到珍惜，所以她珍惜，珍惜所有遇到的情感。

回想起自己的经历，她感叹这不息的变化，因此写下了《谁爱这不息的变幻》，诗中有女子的大气，诗句中眼光敏锐，这也是徽因文学独到之处。她很害羞，这些美丽的诗歌都被她藏了起来，她自认自己和新月派的诗歌差距太大，每一次徐志摩来看她都会被软磨硬泡地欣赏她的作品，每一次徽因的作品他都非常喜欢。即使作品没有那样纯美，可是那些尖锐的东西还是会深深地打动徐志摩。

后来，她偶尔也会写小说、戏剧，虽然她的文学不是顶尖的，可是她总会有让人惊诧之处，有着洞悉一切的力量，有着打动人、让人记住的魔力。这个只是把写作当成玩票的女人，在1936年的《大公报文艺丛刊》出版的小说选中，成了编选者和序言作者，她也是“大公报文艺奖金”的评判，她还是燕京大学女子文理学院的外国文学教授，是学生们非常喜欢的老师，因为她时尚、优雅、谈笑风生，非常的温暖。

他总是把她的作品一篇篇发表。徐志摩发现，她依旧是那个他爱的女子，无法替代。

那时的徽因已经在文坛上小有名气，她无法在生活中和徐志摩谈情说爱，那就在文字中浪漫吧。志摩死后，林徽因的文学生涯依旧继续，文字是徐志摩在她心里播下的种子，后来成为她生活中很重要的一部分，她一生对文字一直追逐，那也是对志摩的回忆。

林徽因聪明机智，总能让欣赏者的目光汇聚于她的身上，展现她的美丽。她温暖了别人，也温暖了自己。她仿佛穿着一袭白裙，走在人间四月，等待一树一树的花开。即使春天已逝，她也依旧还在。喜欢她，喜欢她这种聪慧的女子，总觉得她们身上有一种魔力。

她说，假如我是一朵莲，而她恰是一朵莲。最是那一低头的娇羞，让徐志摩一生都斩不断对她的情愫，让梁思成对她不离不弃，也让我将她摆在最崇高的位置。

她说，你是燕，是暖，是梁间的呢喃。初为人母，她不禁对怀中的孩子如此赞叹。如此纯真，那颗小小的心灵多么无邪。在她看来，孩子的世界多么纯洁。但这，不正是因为她用童真的心灵去看待世界吗？

一生奋斗铸风骨，万古流芳四月天。这正是林徽因一生的写照。

有一种女人，不需要距离，更能产生美。每一步靠近，爱就会多增一分。林徽因，这个名字就浮动着美感的女人，由内至外，她的美让女人都忍不住心动。她是乖巧独立又天资过人的女儿，是贤惠妩媚的妻子，是温柔博学的母亲，是热情真挚的朋友，是解语花般的红颜，是浪漫多情的诗人，是天赋异禀的女建筑师。在她不长不短的一生中，每一面都做到了极致。

她在美国宾夕法尼亚大学美术学院就读时说过：“为中国沉睡的传统文化——古建筑苏醒而奋斗一生。”林徽因说，“……我要带回什么是东西方碰撞的真正含义。……而不是取代我们自己的东西！”她毕业的同时，也完成了建筑系的全部课程。她相信中国肯定会有唐代木构建筑，并为此而奋斗，不畏艰险，游历大半个中国。她推翻了日本人的断言——“中国已不存在唐代木构的建筑，要看此建筑只能到日本的奈良”。

鲁迅说过：“我们自古以来，就有埋头苦干的人，有拼命硬干的人，有为民请命的人，有舍身求法的人，他们是中国的脊梁。”林徽因就是这样一个与众不同的女人，为保护文物呕心沥血，点燃了生命的火焰；为中国在世界文化史上占据更加重要的地位，毫无保留地奉献了自己的一切。

抛开她美艳如花不说，她的才情是何等出众，一生的执着和热情必定是深爱之故，她心中有大爱，而往往大爱无言。

大爱。其实有时自己就是世界，改变世界就是改变自己，实现自己也就是实现世界。不一定是为了世界而去做大事。

因为那种潜藏的高贵感，是积淀，是底蕴，是有风骨、有阅历、有学识、有见解的人才具备的，谁能轻易拥有呢？

第五卷

梦若白莲，相守暖一生

「 第一节 」

浪漫老金，痴爱有情

有人用这样一句话形容他：地上生活浪漫情，云端分析理性魂。

可完全理智的心，恰如一柄满是锋刃的刀，叫使用它的人手上流血，泰戈尔如是说。

这句话笼罩了金岳霖的爱情，一语成谶。

金岳霖是中国第一个懂得并引进现代逻辑学的人，是中国哲学界第一人。这句话说出来，在任何地方都不会有异议。

金岳霖 1895 年出生在湖南长沙，6 岁入学接受传统教育，12 岁进入美国教会创办的雅礼大学预科，16 岁考入清华学堂，19 岁毕业并公费留美。之后的 7 年先后在美国、英国和欧洲诸国游学，最后以哥伦比亚大学政治学博士的身份回到清华，创办了清华大学哲学系，任教授兼系主任。作为中央研究院第一批院士之一，他的著作《逻辑》《论道》和《知识论》在中国现代哲学中难与为匹。

在外人看，他是一个有点儿怪的人。他年少时有眼病，不能见光，据说总是戴着帽子，帽檐压得很低，头微微地昂着。他的眼镜的一个镜片是黑色的，走起路来有点儿深一脚浅一脚，即使后来去美国讲学期间去看了眼病，头也还是习惯地微微昂着。

但这丝毫不影响学生对他的喜爱。据他的学生回忆，老金很有洋派作风，他身材高大，仪表端庄，非常出众，是一个有气质的人。汪曾祺回忆起金岳霖先生说，他上的课有时候需要提问，听课的学生很多又没有点名册，他记不住大家的名字，就说：今天穿红毛衣的女同学回答问题。于是台下穿红毛衣的同学又紧张又兴奋。于是之后他的课，穿红毛衣的女生便越来越多。

还有一次，别人知道他对小说感兴趣，从普鲁斯特到福尔摩斯他都看，还很喜欢平江不肖生的《江湖奇侠传》，于是请他讲讲小说和哲学的关系。面对众多的听众，大家都以为他会提出什么有意思的观点，谁知到最后，他提出的结论是：小说和哲学没什么关系。有人不甘心，刨根问底：那么《红楼梦》呢？金岳霖却说："红楼梦里的哲学不是哲学。"讲着讲着，他忽然停下来："对不起，我这里有个小动物。"说着他把右手伸进后脖颈，捉出一个跳蚤，捏在手指里看着，甚为得意。

如此天真烂漫，怎能不为人所喜？

一次，哲学家艾思奇在北京大学公然批判形式逻辑，说那是伪科学，讲完之后金岳霖带头鼓掌，他说："艾先生讲得好，因为他的话句句都符合形式逻辑。"

能将哲学和逻辑学研究精通的人，除了天才，不作他想。有学生问他：逻辑学这么枯燥，你为什么要搞逻辑？他笑答：我觉得它很好玩。可这位才子绝不是一板一眼的书呆子，熟悉的朋友都叫他

“老金”。

老金对政治丝毫不感兴趣，别人趋之若鹜的清华大学哲学系主任他却弃之若敝履，调任中国科学院哲学研究所副所长后也是不愿意坐办公室……老金是一个浪漫的人，有些人说他纯真，也有些人说他傻。

他在生活上极其随意豁达，他并不喜欢扎在女人堆里和她们聊天，反而更喜欢和小孩子们嬉闹，这一点和徽因如出一辙。不做学问时，他热爱生活——他爱美食，爱山水画，喜欢故事，喜欢栀子花。在他老年的回忆录中，仍能清楚地记得他喜欢的古树的名字、年龄和形状；他有许多“小友”，弯下腰便和孩子们闹成一团；他请了一个拉洋车的师傅，每天拉他到处转；他养斗鸡，吃饭时偶尔鸡飞上饭桌偷吃他也不撵，和鸡同桌共餐吃得津津有味；他院子里摆了许多蛐蛐罐子，称斗蛐蛐是“高度的技术、艺术和科学”。他很注重服饰，时而西装革履、墨镜手杖，英国绅士派头；时而球鞋短裤，运动风格，谈笑间洒满阳光；却也有时西装外面套个中式长袍，还戴着老八路的棉军帽，不伦不类却自得其乐……

在他留下的为数不多的照片中，多数是他手中拿着书报的样子。年轻的他书卷气中不失俊朗，双眸闪着睿智的光，面容柔和，嘴角微扬，即使以现在的眼光来看，也是一名美男子。即使是年岁老去，他仍是矍铄的样子，只是线条愈加生硬起来，唇边的笑意也隐去了，仿佛在那一年已随着斯人远去。

是的，宁不知倾城与倾国，佳人难再得。

如果这辈子没有遇见她，如果未曾将那惊鸿一瞥印在心底，他后来会怎样，没有人知道。

但是，没有如果。我想，他也不喜欢那样的如果。

她站在四合院的中央，树荫的斑驳映在她的裙子上，纯净的脸庞清秀而美丽，那种美丽，就像是他后来一直喜欢的栀子花，“孤姿研外净，幽馥暑中寒”，清净幽远又生气盎然。

这是金岳霖第一次见到林徽因，是命中的劫——他的，也是她的。

她转头看着金岳霖，黑亮的眸子像是一片美丽的湖，湖光盈盈，荡漾了他的心。就是这一见，让他终生难忘，让她成为他眼中最美的风景。

很多人不相信一见钟情，他也没说过这就是一见钟情，但他一定看过《牡丹亭》，不然怎会用一辈子来诠释那一句戏中题词：生者可以死，死者可以生，情不知所起，一往而深。

这次见面的惊奇我们不得而知，怎样的情都留在了那个年代。我们只知道，那是1932年的初夏，他们第一次见面，而见面后，他便住到了东城北总布胡同三号院后的小院，一住就是五年。

仓央嘉措早早有诗提醒世人：“第一最好不相见，如此便可不相恋。第二最好不相知，如此便可不相思。”

可是“就中更有痴儿女”，真正彷徨在爱情旁边的人，如何抗拒那深陷其中的诱惑。不然，怎会有“过尽千帆皆不是，斜晖脉脉水悠悠”的落寞，怎会有“问世间情是何物，直教人生死相许”的决绝，怎会有“得成比目何辞死，愿作鸳鸯不羡仙”的狠烈……

老金是徐志摩的同学，他们都曾经在哥伦比亚大学学习，是徐志摩把他带到她身边的。费慰梅说，徐志摩此时对梁家最大和最持久的贡献是引见他最亲爱的朋友之一——金岳霖。虽然老金在伦敦的时候没有见过林徽因，但是却有耳闻。想来他也会好奇，究竟是怎样的一个女子可以让徐志摩离婚，可以让他背负着抛弃妻子之名只为红颜。对这位素未谋面的才女，老金早就很感兴趣。

住到梁家后面的小院，老金和她便有了更多的交集。林徽因的好友费慰梅回忆：“徐志摩的朋友、大家都叫他‘老金’的哲学家金岳霖，实际上是梁家一个后加入的成员，就住在隔壁一座小房子里。梁氏夫妇的起居室有一扇小门，经由‘老金’的小院子通向他的房子。通过这扇门，他常常被找来参加梁氏夫妇的聚会。到星期六的下午老金在家里和老朋友们在一起的时候，流向就倒过来了。在这种时候，梁氏夫妇就穿过他的小院子，进入他的内室，和客人混在一起，这些人也都是他们的密友。”

老金的回忆也差不多，而且语气中还有些骄傲：“30年代，一些朋友每个星期六有集会，这些集会都是在我的小院里进行的。因为我是单身汉，我那时吃洋菜。除请了一个拉东洋车的外，还请了一个西式厨师。‘星（期）六碰头会’吃的咖啡冰激凌和喝的咖啡，都是我的厨师按我要求的浓度做出来的。除早饭在我自己家吃外，我的中饭、晚饭大都搬到前院和梁家一起吃。”

他们“星期六碰头会”，就是后来为世人津津乐道的“太太客厅”了。

而在老金的心里，徽因的聪慧和才智早已超越了自己，他无法想象这样既浪漫又理性的特质如何都聚集在一个女子身上，并且结合得如此美妙。在给费正清夫妇的信中，他极力赞扬：“她（林徽因）激情无限，创造力无限，她的诗意、她敏锐的感受力和鉴赏力，总之，人所渴求的她应有尽有，除却学究气。学究气的反面是丰富多彩。看看徽因，是多么丰富多彩，而可怜的我，多么苍白。”

前有“来今雨轩”的小聚，后有自家的“太太客厅”，徽因都是聚会的灵魂人物。金岳霖孑然一身，无牵无挂，每一次梁家的家庭聚会，他都是座上客。他自己都说：一离开梁家，我就仿佛丢了魂一样。

是的，他魂萦梦牵的，都是他心目中的女神。她的一颦一笑、一举一动，她的满腹才情、天真开朗，使她看起来更像个演说家。他就这样看着她，配合她的诗情与才华，一切都是默默的，不让她受到任何困扰。

「第二节」

爱是成全，低入尘埃

女人对于感情的需要，男人无法理解，所以女人感性。金岳霖曾经有一段话是关于爱情和徽因的，非常经典，他说：恋爱是一个过程，结婚不结婚只是恋爱中的一个阶段，而恋爱的幸福与否应该从全过程来看，而不仅仅从恋爱的结局来衡量。

早在少女时代，林徽因的追求者便如过江之鲫，为此梁思成的同学还因为他追求徽因成功而为他感到骄傲。婚后她的身边亦不乏才子，可是真正能和她走得这样近的却没有几个，除了要有盖世的才华还要有些智慧和与众不同的风度。老金真正打动徽因的是因为他对女性的尊重，对人性的包容，这些都让徽因迷醉。他在“太太客厅”的默默倾听、偶尔言论中睿智的闪光点、充满绅士气度的举手投足……一切的一切，都打动着徽因。

有人说，两个人结为夫妇，是因为他们彼此觉得对方是最好的，也有人说，是因为他们还没有碰到更好的，所以过早的结合。金岳霖走进了他们的生活，他以朋友的身份出现，却在感情上俘虏了女主人的心。

聪慧如她，怎能对他的凝望浑然不觉？她的一首《忆》，很多人都说是为他所作：

新年等在窗外，一缕香，
枝头刚放出一半朵红。
心在转，
你曾说过的几句话，
白鸽似的盘旋。
我不曾忘，也不能忘
那天的天澄清的透蓝，
太阳带点暖，
斜照在每棵树梢头，
像凤凰。
是你在笑，仰脸望，
多少勇敢话那天，
你我全说了——
像张风筝向蓝穹，
凭一线力量。

他们究竟说了什么，我们不得而知。那些鼓起勇气的肺腑之言，随着时光之河的静静流淌，泯灭在一朵朵不起眼的浪花中了。可是林徽因说，她不能忘记也不曾忘记，他们曾面对着广阔的蓝天，以一只风筝的渺小力量抗争着……但是我仍相信，即使老金对徽因说出了自己的感情，也未必对这个已婚的女子说过什么一生一世的话，未必向她要求过什么承诺，不然怎会在晚年对外人说："我没有机会同她自己说的话，我不愿意说……"他始终克制着自己的感情，互诉衷肠的同时仍有所保留，不愿对这个已婚的女子说出什么出格的话，生怕她左右为难。

当年的完整片段，我们已经难以全部还原，但是仍可以从梁家的亲人朋友回忆中窥见一二：

大约是在老金搬去梁家后院第二年，一次梁思成从宝坻调查回来，爱妻见到他并不似往日的欢欣，反而一筹莫展。她对他说："我苦恼极了！因为我同时爱上了两个人，不知道怎么办才好？"

难以想象任何一个爱恋着妻子的男人在知道这样的消息时，会有什么样的反应。梁思成面对着不知所措的妻子，一时觉得天旋地转，血液仿佛都凝住了一样，心被一种无法形容的痛楚紧紧攥住。他感激她的坦白和信任，她并没把他当做一个愚蠢的丈夫，而是像小妹妹在请哥哥拿主意一样，真心实意地请教他的意见。思成问："你还爱上谁了？"徽因说："金岳霖。"

思成一夜未眠，不停地将自己、老金、徽因三个人放在天平上对比。他觉得他虽然在文学艺术各方面都有一定的修养，但是论起其他方面，既没有老金英俊，也没有老金高大，更缺乏老金那哲学家的头脑……而且，林徽因和老金生活在一起，八成会比和自己生活更幸福——辗转反侧了一宿，他得出结论，他不如老金。

第二天，他把心中所想统统告诉了徽因，他说："你是自由的。如果你选择了老金，我祝愿你们永远幸福。"说完，他们夫妇抱头痛哭。

徽因把梁思成的话转告给金岳霖，这个善良到有点傻的老金，并未因为竞争对手的主动退让而沾沾自喜，而是全心全意为左右为难的她着想："看来思成是真正爱你的，我不能去伤害一个真正爱你的人，我应当退出。"

同一时期的民国奇女子陆小曼，因为抛弃了她的原配丈夫王赓去追随徐志摩，被守旧的徐志摩的老师梁启超下了这样的"诅咒"："我看他找得这样一个人做伴侣，怕他将来痛苦更无限，所以对于那个人，当头给了一棒，免得将来把志摩弄死。"梁启超和当时的社会都不能接受一个离婚的女子嫁与徐志摩，在他们眼中，因为追求爱情而离婚的女人是如此不堪，甚至配不上同样离过婚的徐志摩。在漫漫人生中，陆小曼就这样背负着那些不堪的骂名，在"祸水""妖妇"的罪名下，惨度余生。

金岳霖是不可能不知道这些的，所以当时他的选择，可以说是对林徽因名节的成全，是对梁家声誉的成全，是对他们三人日后友谊的成全……在这万全之策的回答中，独独没有考虑到的，是他自己。他以一种近乎决绝的狠烈将自己剥离了那份触手可及的爱情。

这是两个坦诚的人，他们对于相爱，本来也可以无所避讳，可是金岳霖知道未来，所以他要选择对她最好的。金岳霖这时候是单身，如果林徽因想嫁，他当然可以毫无畏惧，何况他也是徐志摩离婚和再婚的见证人，所以离婚在他看来不过是抛弃旧习俗。可是他也了解，徽因只是一时的热情，心中还是有丈夫有孩子。为了自己的爱去伤害那么多人，于心不忍，他不想去争，只能等待林徽因去选择。

林徽因把老金的话原样告诉梁思成，思成便再不提起这件事，和金岳霖也是正常相处。因为他说："我相信老金是个说到做到的人，徽因也是个诚实的人。”

从此金岳霖在任何场合也都不再提及这件事，思成在工作上遇到什么困难会去请教老金，老金往往能给出中肯的建议；思成和徽因吵架，常常找老金来“仲裁”，老金这时候就能理性地为他们两个把因为情绪激动而搞糊涂的事情分析得清清楚楚，为他们的恩爱保驾护航。梁思成不无骄傲地说，我们三个始终是很好的朋友——足以见得老金把他的感情处理的多好，没给徽因带来任何多余的烦恼。

金岳霖没有做破坏徽因幸福的罪人，而是为她保护好每一丝情感，用之后的一生来默默爱她，和她谈一场只有他们知道的柏拉图式恋爱。

有一件事很值得注意：不管是在萧乾回忆林徽因的文章中，还是在费慰梅的回忆录中，提到老金时往往是说“梁思成和金岳霖”“思成和老金”……在外人眼里，老金已经是梁家的一分子，老金对徽因的爱不但没有玷污徽因的圣洁，更没有威胁梁思成的地位。

林宣说，当年学界就有“林徽因修饰梁思成，梁思成修饰林徽因，金岳霖润色”的美誉。萧乾的一句话一语道破天机：“林徽因坦荡，金岳霖克制，梁思成宽容，三人皆诚信磊落之君。”

恐怕只有这样光明磊落的三位君子，才能演绎一出多年“择林而居”的佳话。

金岳霖谈到徐志摩对徽因的追求，说过这样的话：“徐志摩是我的老朋友，但我总感到他滑油，油油油，滑滑滑——”这样调侃的说法并不是说徐志摩人品上如何滑头，而是说他在感情方面略有些放纵，少了些遮拦。“林徽因被他父亲带回国后，徐志摩又追到北京。临离伦敦时他说了两句话，前面那句忘了，后面是‘销魂今日进燕京’。看，他满脑子林徽因，我觉得他不自量啊。林徽因、梁思成早就认识，他们是两小无猜，两小无猜啊。两家又是世交，连政治上也算世交。徐志摩总是跟着要钻进去，钻也没用！徐志摩不知趣，我很可惜徐志摩这个朋友。”

徐志摩总是要跟着钻进去，钻也钻不进去，可是老金已经身处其中的时候却全身而退，真正做到了徐志摩说的“挥一挥衣袖，不带走一片云彩”。

真正懂得爱情的是老金，他是徐志摩的好友，知道徐志摩对徽因的爱情，比起徐志摩那样激烈的爱，金岳霖的脉脉深情更让人动容，林徽因生前，徐志摩追不到她而改追陆小曼，成就一段姻缘；林徽因死后，梁思成也再娶。而金岳霖对林徽因的痴恋才叫“三洲人士共惊闻”。

“他当然是爱她的，但是无私地和坦诚地爱她。他没有把她从她的家庭拉走的想法。思成和孩子们也都爱他、信任他，他实际上已经融入了这个家庭。”费慰梅略带感慨地说。

老金的爱是圣人的爱，其圣洁之处在于他能伸手将渴慕一生的东西从眼前推开，而非夺过攥在手中——这一点，和徐志摩的死缠烂打相比，不知胜出了多少倍。

只是不知，老金在批评徐志摩对林徽因的追求“不自量”的时候，对自己当时的忍痛割爱又有几分遗憾和不舍。

对于梁家夫妇，老金说：“比较起来，林徽因思想活跃，主意多，但构思画图，梁思成是高手，他画线，不看尺度，一分一毫不差，林徽因没那本事。他们俩的结合，结合得好，这也是不容易的啊！”

不论他有没有遗憾，他对他们夫妻都是用了最真的感情，始终报以最诚恳的祝福。在爱的天平上，金岳霖用自己的克制，完美了“梁上君子”同“林下美人”的童话。

「 第三节 」

一生守候，各自安好

记得曾经在一本书上看到过“做女人当如林徽因，做情人当如金岳霖”。

深以为然。

那个年代的人都非常传奇，林徽因是，徐志摩是，梁思成是，金岳霖尤是。

徽因一生有着三段堪称传奇的感情：认识徐志摩时，她只是个寂寞的、渴求理想爱情的小女孩，徐志摩对她来说更像是长辈和老师，整段感情中崇拜占了相当大的比例，而且那段感情并未真正让她动摇——费慰梅在《梁思成与林徽因》一书（曲莹璞、关超等译）中写道：“在我看来，在他（徐志摩）的挚爱中他可能承担了教师和指导者的角色，把她（林徽因）导入英国的诗歌和戏剧的世界……我有一个印象，她是被徐志摩的性格、他的追求和他对她的热烈感情所迷住了。”而在志摩走后，她与胡适往来信件中，仍有话说明这一切：“这几天思念他得很，但是他如果活着，恐怕我待他仍不能改的。事实上太不可能。也许那就是我不够爱他的缘故，也就是我爱我现在的家在一切之上的确证。志摩也承认过这话。”

徽因后来对徐志摩的态度颇能说明一切，伦敦之别、太原之别，都说明了她“不够爱他”，少女时期初恋般的情感可能连她自己也难琢磨明白。而徐志摩在追求不成之后马上转而追求陆小曼，即使徽因不说，也未必就没有一点点挂怀。她对他的感情，很快变成了快速成长的弟子对曾经老师的惺惺相惜；她对他的思念，更贴近“知音少，弦断有谁听”的惋惜。

而同梁思成相恋时，她是个待嫁的女子，思成是那个恰当的时间出现的恰当的人。徽因与思成有同窗之谊，又门当户对，用老金的话说，两家又是世交，连政治上也算世交。两人父亲都是研究系的。因此双方家长早就有意将他们撮合到一起。加之梁思成意外的车祸，将他们联系的更紧密。共同出国留学时，两人身处异国他乡，双方家人都遥隔万里，一对朝夕相伴的年轻人，日益依恋、感情弥笃。起初到国外，他们感情也不是那么平顺，经过了很长时间的磨合。但是在此期间思成的母亲和徽因的父亲相继过世，远离了亲人的两个年轻人仿佛受伤的小兽，彼此依偎着舔舐伤口。除了对方，他们并没有可以依靠的人，自然越走越近，愈来愈亲密。

徽因父亲过世后，她几度因为学费和生活费几乎停学，梁启超便给思成写信说：“徽因留学总要以和你同时归国为度。学费不成问题，只算我多一个女儿在外留学便了。”当时梁家倾其所能供养徽因，对于这样的半父之情，徽因无法不感动。如此种种，使他们的爱情，怎么看都糅和了一些感激的成分在里面。这时已经婷婷玉立的徽因，在选择自己的丈夫时，难免考虑了很多外界的因素和客观的成分在其中。他俩的结合，可以说是顺水推舟，唯少了一点点爱情的激荡。

而与金岳霖的爱情，是在她成熟后，经历了徐志摩和梁思成的洗礼做出的选择。之前她不是没有面对过诱惑，反而一直是众星捧月的中心："徽因舅妈非常美丽、聪明、活泼，善于和周围人搞好关系，但又常常锋芒毕露表现为自我中心。她放得开，使许多男孩子陶醉。"梁思庄的女儿吴荔明在《梁启超和他的儿女们》中说。而她并未为谁所动，这说明已是女人的她更懂得如何爱和选择什么样的爱情。这样的她在有着家庭的情况下真心为他痛苦，足以见得这个端庄的女子为金岳霖的动摇。金岳霖于她，是真正的知己，他们都曾留学美国，家学渊源有其相似之处、对中西方文化都有很深的造诣。志同道合的他们之间的心灵沟通可谓非同一般，他们才是彼此的"灵魂伴侣"。

直到此时，林徽因才真正感受到人生的毫无其他成分掺杂其中的爱情——不涉及世故人情，完全平等的身份地位，使得她可以全心投入这段感情。可以说，若非老金如此为她着想，如此为了她的幸福克制自持，只要少许引诱，徽因难免偏离轨道。那么，她在建筑学和文坛上的成就，也难免因为生活的坎坷大打折扣，她也未必就能成为后世眼中那么完美的白莲花。

这个在学术上精明、感情上冷静的老金，在自己的事情上却不拘小节，很多事情糊涂得令人发笑。

据他自己回忆说："有一次，我打电话给陶孟和，他的服务员问'您哪儿'。我忘了，答不出来，我说不管它，请陶先生说话就行了。我不好意思说我忘了。可是那位服务员说'不行'。我请求两三次，还是不行。我只好请教于王喜，他是给我拉东洋车的。他说：'我不知道。’我说：‘你没有听见人说过？’他说：‘只听见人家叫金博士。’一个‘金’字就提醒我了。”

后来老金听人说潘梓年先生给人签名时，别人提醒他姓潘都想不起来自己叫什么，还五十步笑百步地笑潘老糊涂，老金记性之差可见一斑。

可是记性这样差，也是对其他事的。对于徽因的事情，一点一滴，他全都刻在心里。

他回忆到美食的时候提道：“林徽因本来是不进厨房的人。有一次在几个欧亚航空公司的人跑警报到龙头村时，林徽因炒了一盘荸荠和鸡丁，或者是菱角和鸡丁。只有鸡是自己家里的，新成分一定是跑警报的人带来的。这盘菜非常之好吃，尽管它是临时凑合起来的。”

徽因不爱做家务，这是她儿子都亲口证实的，但是在老金眼里，只要是她洗手做羹汤，哪怕临时拼凑的食材和不甚熟练的厨艺，都能随便炒出“非常之好吃”的菜。

而对于她的文学作品，即使是未成的一句残诗，他也能烂熟于心，直到八十多岁仍挂心着她写没写完。

徽因的闺蜜费慰梅笑称老金是林徽因的“主要文学批评家和欣赏者”，其实并不尽然。老金对徽因的欣赏是全方位的，包括了她的所有方面。

1937 年，北平和天津沦陷之后，梁家夫妇不得不离开北京，随着国立西南联合大学前往云南昆明。1940 年，老金追随他们来到昆明，在他们夫妻新建的农舍旁边的耳房住下。这间搭靠主屋一面墙建成的耳房，云南人叫“偏厦”，比正屋低矮一些，面积不足十平方米，这间屋子的矮小和条件的艰苦都没能将他从徽因身边带走。徽因在写给费慰梅的信中说：“这个春天，老金在我们房子的一边添盖了一间耳房，这样整个北总布胡同集体就原封不动地搬到了这里，可天知道能维持多久。”

老金来了，整个北总布胡同就全来了，他一定是知道自己对于徽因精神的慰藉，所以才一直守在她身边。

这种相守从昆明持续到四川李庄，梁家因为外界原因不得不在李庄住下时，日子过得非常拮据困苦，几度到了不得不卖东西糊口的地步。金岳霖得知后，千里迢迢赶到李庄探望他们。林徽因本来就不丰腴，困苦的生活更使得她瘦弱起来，短短几个月不见，她的变化让他既心疼又不敢相信自己的眼睛，可她仍是他最最挂心的女子。他绞尽脑汁要给她补充营养，到市场上买来许多鸡崽儿养在家中，日日盼望他们能够早点下蛋，好给徽因吃。

他的出现是林徽因在那段困苦岁月中唯一的希望和乐趣，在关于李庄的回忆中，只有金岳霖才能让她微蹙的眉稍稍松开，给费慰梅的信中，她风趣地比喻：“思成是个慢性子，喜欢一次就做一件事情，对做家务是最不在行了。而家务事却多得很，都来找寻他，就像任何时候都有不同车次的火车到达纽约中央火车站一样。当然我仍然是站长，他可能就是那个车站！我可能被轧死，但他永远不会。老金（他在这里待了些日子了）是那么一种客人，要么就是到火车站去送人，要么就是接人，他稍稍有些干扰正常的时刻表，但也使火车站比较吸引人一点和站长比较容易激动一点。”

老金看到之后，在信后补充道：“面对着站长，以及车站正在打字，那旅客迷惘得说不出任何话，也做不了任何事，只能眼睁睁地看着火车开过。我曾经经过纽约的中央火车站好多次，一次也没看见过站长，但在这里却两个都实际看见了，要不然没准儿还会把站长和车站互相弄混。”

而思成则诙谐地结合着自己的专业，调侃自己道：“现在该车站说话了。由于建筑上的毛病，它的主桁条有相当的缺陷，而由协和医学院设计和安装的难看的钢支架现在已经用了 7 年，战时繁忙的车流看来已动摇了我的基础。”

这样偶尔的轻松使她生起了面对艰苦生活的勇气，她说：“我喜欢听老金和奚若笑，这在某种程度上帮助了我忍受这场战争。”最为艰苦的岁月，老金的支持使得林徽因没有失去她对待事物的乐观和活下去的希望，他从身体和精神上给予了这个柔弱女子最大的鼓舞。他的爱情不是空中楼阁，不是虚无缥缈的承诺和誓言，而是身体力行的诠释——只有你好，我才安好。

金岳霖一生情真，即使娶不到她，也不愿意远离。能见到她，就是他的快乐，所以他不在乎别人说什么。

梁家在李庄生活了很久，老金就这样 6 年如一日地奔波在四川和昆明之间，直到抗战胜利后，他们三人才重返北平。

徽因在北平度过了一段平和的时光，梁家的兴旺一时如同鲜花着锦、烈火烹油。这期间，老金还鼓励她修改、整理和争取刊行她的旧诗。她对费慰梅说：“从他们那里得到那么多的照顾使我感到美极了。老金和思成真好，我们外出一天他们看家……你看，我就是这样从水深火热中出来，又进行了这些所谓‘不必要的活动’，要是没有这些，我早就死了，就像油尽灯枯——暗，暗，闪，闪，跳，跳，灭了！”

这段时间是老金最后的美好记忆，他每天注视着她，看她精神焕发，看她为理想奔走忙碌，看她仿佛烟花一样放出耀眼的光亮。

快乐的时光总是短暂，1948 年 3 月 31 日，思成和徽因的结婚

20 周年的茶点庆祝会上，被喜气笼罩的宾客们都惊叹于徽因的才气，只有老金看到了繁花似锦下面的危机。老金很替“新郎和新娘”担心。徽因的刀口曾裂开了差不多一英寸，正在用链霉素进行治疗。同时，老金写道：“思成自己是非常的瘦，从星期一到星期五在清华担任着非常繁重的课程，而‘每天的生活就像电话总机一样——这么多的线都在他身上相交’。”老金给国外的朋友写信，收集对徽因病情有益的药物，他虽然已经有所预知，但是仍力所能及地延长她的生命。

林徽因成了一个非常幸福的女人，有爱自己的丈夫，也有深爱自己的精神恋人，这样的感情，有着无与伦比的完满，三个人相处融洽，也许看着她笑，他们也会感觉幸福，因为他们都深爱她。三个人保持着他们各自的性情，用最和谐的生活方式生活着。

1955 年 4 月，林徽因离开了这个世界，对于老金来说，他爱情的烛火在风中跳跃了这么久，终于熄灭了，独留一缕青烟来证明它曾经存在过。

「 第四节 」

弱水三千，只取一瓢

哀莫大于心死，林徽因的别离带给金岳霖的不仅仅是爱情失去的打击，更像是灵魂缺失了一块。

得到她逝去的消息，老金先是呆坐在办公室沉默不语，过了好一段时间才好像突然明白过来是怎么回事似的，念叨了一句："林徽因走了！"然后放声恸哭。在他的学生的回忆里，金教授当时两只胳膊靠在办公桌上，几分钟后，才慢慢地停止哭泣。擦干眼泪后，他依然静静坐在椅子上，目光呆滞，一言不发。学生陪他默默地坐了一阵，这才把他送回家。

老金的糊涂是远近闻名的，可是晚年的老金回忆起那时的情景，还能准确说出具体的地点——"林徽因死在同仁医院，就在过去哈德门的附近。对她的死，我的心情难以描述。对她的评价，可用一句话概括：'极赞欲何词'啊！"

极赞欲何词！这是一个人对其他人最高的评价！

林徽因去世时，社会上正在批判“以梁思成为代表的唯美主义的复古主义建筑思想”，因此在她的灵堂之上，世态炎凉纷纷得以体现，有着诸多顾虑召开的追悼会难免透着几分冷清，而这冷清更突显了金岳霖挽联的极誉评价与激情飞泻：一身诗意千寻瀑，万古人间四月天。

正是这一对挽联，将林徽因的美与好表现得淋漓尽致，如果不是爱她至深，哪里有如此的笔力。

林徽因的去世，金岳霖痛彻心扉。整场追悼会，他的泪水始终没有停过，仿佛她活着时所有克制的情感都随着她的离去而得以宣泄……心中最完美的女子走了，从此他的世界也将不再完整。

这样纯粹的感情，即使是今天，也让人为之感叹。其如稀世珠宝般的难得。试问世间有几个男子，能够在挚爱之人面前冷静克制，抵抗将其拥入怀中的诱惑；试问世间有几个男子，能挥慧剑斩情丝，不给自己留一点余地的全身而退；试问世间有几个男子，能够在爱人不能和自己结合的境况下，还一直守在她身边，直到她离开人世，直到自己生命尽头。

西方童话中的人鱼公主为了能守在王子身边舍弃了自己的声音，为了能让王子幸福地活下去舍弃了自己的生命……金岳霖的行为更甚，他以自己的缄默衬托她的才华，以自己的退后成全她的一世幸福。他的泪，统统留到她看不到的时候洒给她，洒给他们的爱情。

年华如白驹过隙，转瞬即逝。年岁已高的老金整日坐在他的摇椅上，手中握着凝着她笑靥的照片，不知心中回想的是哪一幕？

是初见时她的回眸一笑？二十七岁的她已经不再是懵懂无知的少女，几近而立之年的他也不是情窦初开的小伙子。可是她那“渐欲迷人眼”的微笑却似一只纤纤玉手，牢牢地抓住了他的心。人世间怎能有如此感性而优雅的笑容，上帝一定在创造她的时候比别人多用了几分心思。她那么高贵，又那么亲切，她的笑声是第一场珍贵的春雨轻敲屋檐下的铃铛。她并非传闻中那样拥有倾国倾城的容貌，可是她的气质、她的才情，以及笼罩在她身边的气场足以使她倾倒众生。那一瞬间，他就知道为什么她裙下会有那么多前赴后继的追求者，为什么他的朋友徐志摩会为她痴狂得失去理智和尊严……连他看到她，也是一阵的出神。老金为自己怔怔的失态而歉然笑了，此时他心中无比感谢徐志摩对他们的引见——一定是前生做尽了好事，这辈子才得以遇见她，得以亲近这朵无瑕的白莲。

摇椅上的金岳霖抿了抿嘴角，仿佛想起了什么好笑的事，又仿佛将哭未哭，两种截然相反的情绪矛盾混合在他苍老的脸上，就像最柔和的春风扶过一墙将枯萎的藤。

是后来在“太太客厅”里她的机敏善辩？明明身体那么孱弱，却仍不服输地为他人展现自己最好的一面，娇小瘦弱的身体里迸发出和外形极不相符的强大能量。厅里不需要有灯，只要她在，一切黯淡的地方都被她的光彩盖过了。她时而站在厅中间，条理清晰地诉说她的观点；时而绕着客厅走两圈，用优美的肢体语言辅助她甜柔的声音；时而和她的闺蜜躲到客厅的角落，用流利的英文喃喃细语地交流着，间或爆发出一阵压抑着的笑声……他就坐在沙发中抽着烟斗，目光始终追随着她，偶尔因为看她看得出神而跟不上她的思维跳跃，被她提醒才从游离的状态醒悟，恍然大悟的样子被她笑。

摇椅上的金岳霖轻轻舒展皱了半辈子的眉，自她走后，他的眉心常常紧锁，只有回忆能暂且轻抚他的眉头。

不，印象最深的还是他们在窗下细语的场景吧。那天，天空澄蓝的不带一丝杂质，窗外不知名的花朵暗香幽幽，他终于鼓起勇气表白了自己的心迹，没想到得到了她如此热烈的回应。他心中的女神同他吐露着衷肠，他才明白这段感情并非他一人深陷其中。那天的她是最美的，火红的残阳染上了她的花容月貌、娇羞了她的脸颊。她痴迷地看着他英俊的笑脸，是他一生不能忘怀的场面，如果时间能够停在那一刻，他愿意用他的一切来交换。

这个世界如此之大，我何德何能，在茫茫人海中寻到了你，能够陪伴在你身边，亲耳听到、亲眼见到你，又能得到你爱情的慰藉。此时，他的心在甜蜜的火焰上煎熬，倒应了他们的朋友胡适的那个小诗：也想不相思，可免相思苦。几次细思量，情愿相思苦。

摇椅上的金岳霖轻轻闭上眼睛，鬓间的银丝随着他呼吸的起伏微微晃动着，岁月的沧桑在他原本光洁的脸上留下满面沟渠。

可他也不能忘怀，她在李庄时他看到她的情景。那样只能捧在手心呵护的人啊，那样冰雕玉琢、轻轻一触就能碎掉的身体，怎能忍受缺衣少食的困苦生活。她圆润的脸颊如此消瘦，她纤美的腰肢几乎不盈一握，她生命的泉水往往润泽她身边的所有人，这时却也慢慢枯竭……他震惊了，心疼了！他的女神怎能和世间其他女子一样，要经受“风刀霜剑严相逼”的多舛命途。他买来的小鸡怎么长的那样慢，还不能快快下蛋给她补充营养；他国外朋友的信件怎么迟迟未至，不能速速给他送来她需要的药物……他恨不得燃烧自己来点燃她的生命之火。除物质上的支持外，他还鼓励她整理之前的诗稿，他不忍眼睁睁看着她高贵的灵魂和惊人的才气泯灭在病体之下，他要帮她点亮前行的希望，以强大的精神力打败眼前的现实。她依偎在床上，翕张着嘴唇轻轻吐出那如珠的诗句……

摇椅上的金岳霖睁开浑浊的双眼，一点点晶莹湿润了他干涸的眼眶。他长出了一口气，却哽在喉间，他仰了仰脸，却再难做出她最喜欢的他的笑容。

想到这里就停下来吧，年事已高的他不忍心再想后面的事情——她那么美，那么好，怎么上帝会对她如此不留情面，将她说带走就带走了呢？她的眼再不会望向他，她的唇再不会为他轻翘，她再不会同他说那怕一句话一个字。得到那个消息的时候，他想喊，他想大吵大嚷，他想抱着她摇晃着求她再回来……他想了很多，可又什么都没想，他的心、他的灵魂、他的一切，都随着她的离去而在风中化成灰烬。

不是没有过这样的期冀，能与她再度相见，哪怕是梦里。可是午夜梦回，沾湿了枕巾，满眼间挥之不去的都是她的倩影。揉碎桃花红满地，玉山倾倒再难扶。死去的不仅仅是她，更是他全部的热情和爱人的能力。他的残躯留着这世间几十遭，不过是为了每时每刻地追忆她。弱水三千，他曾浅尝其中一瓢，之后的繁花团簇、姹紫嫣红，统统与他再没什么关系了……

但是，他从未以和这位民国才女的传奇故事做什么文章，他只是默默爱、默默回忆、默默悼念……倾其所有对她好。

这一世，他似乎并未对她说过一个爱字。

当年窗下私语，呢呢喃喃，已不是外人能随便猜度的。

但我们有理由相信，他并没有说。

虽然他已经用一生时间将这个字诠释的淋漓尽致，虽然她亦曾为他打动、为他彷徨。

但他始终守在她身边，甚至她们夫妇身边。有不甘，但不曾表现出来；有遗憾，但深埋心底。他的心湖在第一次为她荡漾后，呈现在世人面前的始终是看似平静的水面，任谁也休想望向那水底的惊涛骇浪。

而我们，局外的我们，也只能从他晚年的只言片语中略窥端倪。

八十多岁时，有人请他为林徽因的诗集再版写些什么，他在久久的沉默后，说："我所有的话，都应该同她自己说，我不能说……我没有机会同她自己说的话，我不愿意说，也不愿意有这种话。"

他终于不再说出口，可我们却能透过那仿佛被微风掀开一角的窗帘，看到无垠的景色。

"我所有的话，都应该同她自己说。"……如果上天再给他一次机会。

"我不愿意说，也不愿意有这种话。"即使再给他一次机会，他也仍会沉默，然后在她对他说出她最好的选择时，笑着为她有那么好的爱人感到高兴，笑着退后，笑着将爱埋到深一点、再深一点的地方，埋到斗鸡、蛐蛐和书画后面。

只有这样，展现给她的，才能永远都是兄长般可靠的肩膀和知己般冷静的支持。

老金，可是老金，"不愿意有这种话"并不代表"没有这种话"，除了你自己，你又能骗得了谁呢？

梁思成亲口说过，老金是世界上最爱林徽因的人。作为徽因的丈夫，如此客观冷静地说出这样的话，能够丝毫不嫉妒地和他相交多年，不仅是对他人品的肯定，更是深切地相信——

相信他不忍她在爱情的天平上徘徊受苦，相信他不愿玷污她使她为世人诟病，相信他深爱她超过了爱他自己，以至于永远近在咫尺却将心留在海角天边。

1956年6月的一天，他将以前的至交好友统统聚在北京饭店，没讲任何理由，受邀的人都一头雾水。直到开席的当口，他站起来说，今天是徽因的生日。在座诸人，不少都为依然孑然一身的他流下了泪水。

而这时，林徽因举案齐眉的丈夫梁思成已娶了他的学生林洙，梁思成写给林洙的、署名“心神不定的成”的信中这样写道：真是做梦没有想到，你在这时候会突然光临，打破了这多年的孤寂，给了我莫大的幸福。你可千万千万不要突然又把它“收”回去呀……我已经完全被你“俘虏”了……

没有人会质疑，这个建筑学大师对徽因曾经的深爱，但是同金岳霖“取自花丛懒回顾”的感情比起来，梁思成的爱情到底黯淡了许多。

多少后人将他比作孤独侠客、比作浪漫骑士，可是他不过是一直默默守在她身边的哥哥，直到她死后，他也依然小心翼翼地呵护着有关她的所有回忆。

老金八十八岁高龄时，有人找到他了解林徽因生平。这位听力极差、记性不佳、和人交谈只能坚持十几分钟便会睡着的老人，在提到林徽因时，居然清楚地记得她的《在九十九度中》，记得徐志摩对她的“销魂今日进燕京”，记得她年轻时一句未完的诗“黄水塘的白鸭”。他说她很特别，常常不知道她在想什么，可是却在看到诗集中收录的《八月的忧愁》的时候，兴奋地叫了起来：“她终于写成了，她终于写成了！”他一字一句地将这首诗读了一遍，满溢着喜悦和欣慰。

他记不住来访者十分钟前告诉过他“我们是从福州过来的”，以至于一个问题问了一次又一次，可年轻时有关她的点点滴滴，都珍藏在他心头，不曾被时间褪去光鲜的颜色。

来访者拿出一张他未见过的徽因年轻时的照片请他辨别时间和

背景，他凝视着照片，激动溢于言表。“嘴角渐渐向下弯，像是要哭的样子。他的喉头微微动着，像有千言万语梗在那里”。

是的。他已失去她一次，怎忍心第二次让她从手里消失。

耄耋之年的老金，在面对她的照片时，局促的像个孩子。他紧紧捏着照片，生怕影中人飞走似的，向来访的人求情“给我吧”。他的世界，模糊了一切外在的事物，唯有她永远值得向往。

为她停留、为她守候、为她心动、为她倾倒——这辈子，注定她是他的全部。而他走过的千万里路、千万座山和千万条河的征程跋涉，终不过是为了遇见她。

他甘心为她放弃所有未知的可能，因为她，就是他全部的渴求。他的爱，不是索求、不是胁迫。他真正做到了用一辈子来爱一个人，他的一生痴爱成全了林徽因，成就了一个民国奇女子的爱情传奇。

第六卷

盈盈水间，相遇在花期

「 第一节 」

茗香袅袅，坐论天下

林徽因的一生，若说是一本满溢着淡雅墨香的书，那么书的写作者一定将所有得意的笔墨都用来描绘那一章；如说是一台引得无数瞩目的戏，那么戏剧的导演一定将所有的心血都倾注在了那一幕；若说是一棵香远益清的莲，那么那一段岁月，定是花开得最美的时光。

那时的林徽因迸发了自己最炫目的光芒，不仅迷住了年轻的金岳霖，更是倾倒了当时中国学术界的无数文化精英。

1930 年之后，徽因和思成搬到东城北总布胡同的四合院里。徽因的父亲原本很注重保养身体，奉行“少食多餐”的原则，久而久之，徽因也养成了喝下午茶的习惯。他们家中下午常常备些茶点，对于一些朋友来家里造访也是十分欢迎，每星期六还会有一个茶会。后来，随着老金在他们后院的定居，茶会的地点便移到老金这个“单身汉”的小院中。久而久之，他们的学识和人格魅力就像花的香气一样四散传播，吸引了不少或熟识、或未曾谋面的文人雅士慕名而来。

且不用说徐志摩、金岳霖等如同家人一样的至交好友，常来茶会的比较有名的就有文化领袖胡适胡先生、老金的好朋友政治学家张奚若、美学家朱光潜、作家沈从文和李健吾、萧乾等，还有邓叔存、陈岱孙、钱端升、周培源、陶孟和、李济等各个领域的尖端人才也都是座上常客，这些精英们大多既有中国传统文化的底蕴，又受到了新文化运动思潮的影响，而且多能接受西方外来文化的观点。陈岱孙在《回忆金岳霖先生》的文章中提起这时期的聚会时有提到：

“在抗战前10年中，每星期六下午在金先生家有茶会……我是常客之一。常客中当然以学界中人为最多。而学界中人当然又以北大、清华、燕京各校的同仁为最多……其中有一位就是现在经常来华访问的华裔作家韩素音女士。学界中也还有外籍的学人。我就有一次在他家星期六茶会上遇见30年代美国哈佛大学坎南（WalterB. Cannon）博士。他是由他的（也是金先生家常客的）女儿慰梅（Wilma）和女婿费正清（JohnK. Fairbonk）陪同来访的。此外，他的座上客还有当时平津一带的文人、诗人和文艺界人物。有一次，我在他的茶会上遇见几位当时戏剧界正在绽蕾的青年演员……人物的广泛性是这茶会的特点。”

谈笑有鸿儒，往来无白丁。一时间，梁家客厅聚会格调之高堪比“诸葛庐、子云亭”，却并不似刘禹锡的居室之陋。

“这是一个长方形的房间，北半部作为餐厅，南半部为起居室。靠窗放着一个大沙发，在屋中间放着一组小沙发。靠西墙有一个矮书柜，上面摆着几件大小不同的金石佛像，还有一个白色的小陶猪及马头。家具都是旧的，但窗帘和沙发面料却很特别，是用织地毯的本色坯布做的，看起来很厚，质感很强。在窗帘的一角缀有咖啡色的图案，沙发的扶手及靠背上都铺着绣有黑线挑花的白土布，但也是旧的，我一眼就看出这些刺绣出自云南苗族姑娘的手。在昆明、上海我曾到过某些达官贵人的宅第，见过豪华精美的陈设。但是像这个客厅这样朴素而高雅的布置，我却从来没有见过。”林洙在《梁思成、林徽因与我》一书中如此描述这间客厅。

梁家夫妇都是建筑学界的奇才，徽因在大学所修又是美术，这对璧人在对自己居室布置上有着极高的审美眼光和艺术天分，他们的客厅布置的既优雅又有情调，客厅的摆设即使在今天留下的黑白照片中看见，也让人觉得温馨漂亮。

凤栖于梧，鸣于高岗。这样灵秀的人儿，若不是这样美丽的环境，怎能配上她的天生丽质与美好曼妙?

林徽因的父亲喜欢英伦的下午茶，他爱下午茶的悠闲，所以经常请一些青年才俊到家中做客，徽因耳濡目染了这一切，所以也习惯了每日下午泡上一壶茶，邀请朋友们到家里来。就在这样一个漂亮的客厅中，各领域的精英们在茗香袅袅中坐论天下，每周都会上演一场文化的嘉年华会。本来只是友人间的交流茶会，却因为另一个女作家呷醋的一篇短篇小说引发的闹剧而被赋予了名字——太太客厅。

徽因的文学成就和艺术成就在当时的社会上都是很有名的，就像山峰上的皑皑白雪，并不能同为俗世所污染也不屑与世俗同流合污。当男人们为她的理性倾倒时，女人们却一致认为，是这个女子“狐媚”了她的宾客。木秀于林，风必摧之。她的杰出能够吸引人，自然也会遭人嫉妒。

但，茶会便因此有了一个名不副实但却为人津津乐道的名字——太太客厅。

说它“名不副实”，是说当时的茶会并不是徽因组织，而是思成和徽因共同对朋友提出的邀请和一些雅客的慕名而来，而地点更不只是“客厅”，聚会常在老金的院子，偶尔还挪到一家中国餐馆。

在“太太客厅”中，徽因往往是众人目光的集聚，费正清形容道：她是有创造才华的作家、诗人，是一个具有丰富的审美能力和广博的智力活动兴趣的妇女，而且她交际起来又洋溢着迷人的魅力。在这个家，或者她所在的任何场合，所有在场的人总是都在围绕着她转。

徽因的魅力并非惺惺作态，那些学术界的精英们也不是浅薄之徒，不可能单单为了一个家庭主妇的光鲜外表而欢聚一堂。事实上，徽因所知所学涉猎很广，不论是文学、艺术、建筑乃至哲学她都有很深的修养。在荒郊野岭，她是一个严谨的科学工作者，爬梁上柱以求得到最精准的数据；在“太太客厅”，她又化身一名最热情的演说家，滔滔不绝、妙语连珠。她能够用流利的英语和徐志摩探讨英国古典文学或中国新诗创作，和费慰梅就中国和美国之间不同的价值观展开话题；她能够从一个沙发垫布谈到美学，从我国古代盛行的卷草花纹的产生、流传聊到中国的卷草花纹来源于印度，又追根溯源到亚历山大东征；她能用方言讨论各地域不同的人物语音，模仿起来惟妙惟肖……

费慰梅语带惊叹地描绘当时的情景：“她的谈话和她的著作一样充满了创造性。话题从诙谐的轶事到敏锐的分析，从明智的忠告到突发的愤怒，从发狂的热情到深刻的蔑视，几乎无所不包。”

可以想见，当时在场的人们如何为她的热情所感染，如何为她的机智所倾倒，如何为她的精辟警语所折服。

“太太客厅”中的徽因，对问题的见解往往一针见血又十分独特，言语中无意流露的智慧如同太阳照耀下熠熠闪光的宝石，吸引着众人的注意；她对艺术的审美带有与生俱来的敏感，如同待放的花苞不必推算日子，从东风的气息中就能准确地知道春天渐近的脚步，绽放的华丽使得人们纷纷为之驻足；她的精神世界空间极广，各种奇思妙想如同精灵一般挥着翅膀在其中飞舞，偶尔碰撞在一起便变成了不吐不快的灵感……她如同一个演员终于找到自己的舞台，台下的观众除了倾倒，没有更好的选择。

老金在给费正清夫妇的信中提到：“她激情无限，创造力无限，她的诗意，她敏锐的感受力和鉴赏力，总之，人所渴求的她应有尽有，除却学究气。学究气的反面是丰富多彩。看看徽因，是多么丰富多彩，而可怜的我，多么苍白。”

若说情人眼里出西施，老金的话对于徽因的才情有过誉的可能性，那么她的丈夫对她的评价不能不说中肯。思成在和他的第二任妻子林洙提到徽因时说：“所以做她的丈夫很不容易。中国有句俗话，‘文章是自己的好，老婆是人家的好’。可是对我来说，老婆是自己的好，文章是老婆的好。我不否认和林徽因在一起有时很累，因为她的思想太活跃，和她在一起必须和她同样地反应敏捷才行，不然就跟不上她。”

那时，作家萧乾还只是一个热爱文学的学生，在沈从文编辑的《大公报》上发表短篇小说《蚕》，徽因对这篇文章极为赞赏，便邀请萧乾来“太太客厅”。萧乾对徽因第一面的印象极为深刻：“她说起话来，别人几乎插不上嘴。别说沈先生和我，就连梁思成和金岳霖也只是坐在沙发上吧嗒着烟斗，连连点头称赏。徽因的健谈绝不是结了婚的妇人那种闲言碎语，而常是有学识、有见地，犀利敏捷的批评。”萧乾心悦诚服地说，“我常常折服于徽因过人的艺术悟性”。

“太太客厅”并不是徽因的“一言堂”，在林洙的回忆中，徽因和思成就常常针对学术上不同的观点发生争论。“从中国古建明间较次间面阔是好传统还是不好；西班牙阿尔汗伯拉离宫建筑的评价到新建苏联展览馆设计的得失等，无不涉及。”这时的思成不再微笑着倾听，而是据理力争。双方都是建筑界的大师级人物，都有充足精深的论据来支持自己的观点，有时候甚至争论到面红耳赤，非得说服对方不可。对于旁听的外人来说，这简直就是一餐文化的饕餮盛宴，每每回味时都觉得意味无穷。这对璧人就像李清照和赵明诚，在自己的领域如鱼得水地畅游嬉戏，夫唱妇随、琴瑟和鸣。

客人们往往也能自得其乐：上一刻，费慰梅才以她在国外的档案中看到的清朝官场上的笑话博得众人一笑；下一刻，老金又开始诵读各种英文读物，内容不光有他钟爱的哲学，还囊括了美学、城市规划、建筑理论及英文版的恩格斯著作等，大家边听边议论；这厢，思成才给大家讲了一则他在川滇调查时看到的婚礼对联，“握手互行平等礼，齐心同唱自由歌”；那厢，萧乾在和沈从文先生就一篇小说中的某个情节如何设置谈的热火朝天；大家这里笑闹成一团，没留意张奚若又拉着费正清躲到角落研究政治，坐下来一谈就是半个小时。

这个原本只是朋友圈子的小小聚会，渐渐变成20世纪30年代北平最有名的文化沙龙，在当时引起多少知识分子的心驰神往。而徽因作为客厅的女主人，在这个客厅如一粒渴水的种子，吸取了足够多的不同领域文化知识和见解，丰富了她之后的诗文创作和艺术灵感。

然而，她最大的收获并非在学术界的芳名远播，也不是什么仰慕者数量的增多。徽因在这个沙龙上，和她人生中最重要的女人熟识起来并彼此爱慕。这个人，就是费慰梅。

「第二节」

绚烂花期，相见恨晚

爱她的人，往往说她是一朵如梦白莲，绽放在盈盈一水间，冰清玉洁，出淤泥而不染；可熟悉她的人，知道她骨子里是一枝翠竹，即使在悬崖峭壁的恶劣环境也坚忍不拔，宁折不弯。

正是这样的性格使然，徽因在处理人际关系时，并不像对待图纸上的繁复标注和线条那样得心应手，吴荔明女士就在怀念她的文章中提到过："……二舅妈林徽因是'刀子嘴豆腐心'，别看她嘴巴很厉害但心眼好。她喜怒形于色，绝对真实。"

可是大风过境后，继续焕发勃勃生机的，往往是随风倒的杂草，真正刚强坚挺的树木，才最容易倒下。徽因这样的真实，这样的不谙世事，使得那些无法透过她略带倔强的外表欣赏到她内心的聪慧和才情的人们，看不到她身上任何的优点。1983 年，有人采访一个跟她接触颇多的领导，那位领导对她的才华和毅力十分敬佩，可是提到她的为人处世，却只是简单地提了一句："林徽因有点不善于团结同志。"

这个满腹才气的精灵仿佛是为艺术而生，为真理而生，为科学而生……但是，她绝不是为圆滑处世而生。她深恶痛绝一群女人聚在一起叽叽喳喳的八卦家长里短或柴米油盐，她对家务的厌恶也是显而易见的，这一点，即使是欣赏她全部的老金都无法否认。

她在昆明时，家境困窘，她不得不亲自做家务，在给别人的信中，向来神采奕奕、不轻易服输的她发出了这样的哀鸣："我一起床就开始洒扫庭院和做苦工，然后是采购和做饭，然后是收拾和洗涮，然后就跟见了鬼一样，在困难的三餐中间根本没有时间感知任何事物，最后我浑身痛着呻吟着上床，我奇怪自己干嘛还活着。这就是一切……"

徽因自幼接受西方教育，对西式生活有所向往。她虽然在婚恋观上有其传统的一面，但她知道女人也可以同男人一样追求更高的精神层面的生活。用中国传统的"三从四德""相夫教子"的教条思想来束缚她的自由；用"温良恭礼让"的条条框框来掩盖她的光芒；用缝衣做饭、零星琐碎的家务来捆绑住她思想的天马行空……这一切，对她来说，都比杀了她更让她觉得难过。

在宾夕法尼亚大学时，林徽因曾经跟她的同学吐露过心声："在中国，一个女孩子的价值完全取决于她的家庭。而在这里，有一种我所喜欢的民主精神。"

正因为与传统观要求的女性标准如此背道而驰，加之她对于主妇间毫无营养的拉拉杂杂的公然鄙视，及如此多优秀男子对她众星捧月的呵护……她被当时的很多女性排斥和嫉恨。同样地，她也无法和那样的女性有什么精神层面的交流。

可是上帝怎么舍得他倾注了大量心血的宠儿在任何方面有遗憾和空白。就在她从东北回到北平不久，上帝便为她派来了一位金发碧眼的天使，她们相识于一个秋季的画展——窗外，金黄的银杏树叶正努力地一点点将自己铺满大地；室内，她和她相见恨晚，拉着彼此的手感受着对方，仿佛多年未见的老友似的热情。

借用张爱玲一段脍炙人口的话——于千万人之中遇见你所遇见的人，于千万年之中，时间的无涯的荒野里，没有早一步，也没有晚一步，刚巧赶上了，那也没有别的话可说，惟有轻轻地问一声："嗯，你也在这里吗？"

你也在这里吗？这个刚刚迎来生命中第二个孩子却满脑子是奇思妙想的东方女子，看起来温和似杏花雨、似杨柳风，骨子里却激荡着强大的精神能量，只待有一个人能与她激起共鸣。

你也在这里吗？这个刚刚从地球另一端来到"有城墙环绕的古老的东方城市"的西方安琪儿，随着新婚丈夫跋涉千山万水，和之前所有朋友都相距千里，只盼有一个人能与她心照情交。

是啊，既没有太早，也不会太迟。她们就是最娇嫩的花，风霜还不曾来侵蚀，秋雨还未滴落，青涩的季节又已离她们远去。她们在最绚烂的花期遇见彼此并相知，这是多么美好的事情。

她的出现使徽因的这个秋季不再萧瑟寒冷，她说她对徽因是"一见钟情"，这个上帝派来的天使就是来自美国的费慰梅。

费慰梅（Wilma Canon Fairbank）是美国最负盛名的中国问题观察家费正清（John King Fairbank）的妻子，他们夫妇的中文名字都是思成所起。慰梅绝不是没见过世面的小家碧玉，她的父母身份显赫，父亲是生理学教授和哈佛大学医学院院长，享有国际声誉；母亲则是受人尊重的学者，同时也是一位酷爱旅行、思想开放的作家，兴趣广泛，且在原子能问题上颇有造诣。父母在学术上的诸多成就和对幼小慰梅的全面培养，使得这个美国姑娘在艺术方面表现出超乎常人的天分——这，也正是她和徽因如此契合的一个原因。

不管怎样，这两个对艺术和美都非常敏感又内行的女人，在最短暂的时间发展出了最深厚的友情。在每一个余晖没有散尽的傍晚时分，慰梅骑着她的自行车穿街走巷，来到熟悉的梁府门前，直接穿过内院来到客厅她们最舒适的角落，徽因已经同往常一样，备好了两杯热茶等着她。她们的身体被禁锢在这个小小的角落，可她们的幻想和灵感却挥动着轻灵的翅膀，飞越了千山万水，穿梭了古往今来。

那时的夜风那么柔和，送来一缕缕花的幽香，她们之前所看所感所经历，那些没能同其他人诉说的一切，仿佛这个时候才找到了听众，纷纷涌向对方，又被对方讲述的一切精彩纷呈所包围，在彼此的精神世界尽情遨游。

她们心灵的交融给徽因带来了极大的安慰，她在写给慰梅的信中，用一种热烈的情绪说："我从没料到，我还能有一位女性朋友，遇见你真是我的幸运，否则我永远也不会知道和享受到两位女性之间神奇的交流……"

徽因对慰梅的感情很复杂，不仅仅有女性朋友间的友谊，还有对徐志摩的追思和对早年时光美好回忆的怀念。同志摩的情谊，是徽因值得一再回味的往昔。他以一个导师的身份出现在她的世界，向她展开英国的诗歌和戏剧的宏大画卷，对她后来的文学之路有着极大影响。对于这样一个人的突然逝去，她心里的巨大空白和落寞可想而知。这时慰梅的出现，对她来说，可能是上帝赐予的礼物。

这一点，慰梅有着很清楚的认识："我常常暗想，她为什么在生活的这一时刻如此热情地接纳了我这个朋友？这可能同她失去了那不可替代的挚友徐志摩有点关系。在此前十年中，徐志摩在引导她认识英国文学和英语的精妙方面，曾对她有过很深的影响。我不知道我们彼此间滔滔不绝的英语交谈，是不是曾多少弥补过一些她生活中的这一空缺。”

徽因少女时期在英国度过，留学时期又在美国。那时，她的父亲还健在，家中诸事还并不用她伤神，现实社会还没给她任何压力……这样的花季，西方世界开明和平等的气氛使她就像一只终于一头扎入水中的鱼儿，那个时期她充分享受过自由的快乐，甚至还因为这个和思成闹过不快。所以，当她再次用久违的英语口语和别人交流时，内心那种隐秘的喜悦仿佛将她带回了那段无忧无虑的豆蔻年华。

和其他学者们的辩论对她来说，可能更接近一种理性的思考得出的科学结论，那时的她是睿智的、闪光的；可是和慰梅的交流是闺蜜间的讨论，那样感性的、肺腑的语言，对她来说可能更适宜进行精神层面的交流。这时的徽因如同将自己的锋芒收敛在蚌壳之内，凝成美丽的珍珠，而她自己就被这盈盈的珠光笼罩，散发出柔和的光芒。

徽因和慰梅的交往，是建立在艺术的高度上的。同为艺术专业毕业的女学生，她们有着太多共同的爱好和审美。慰梅喜欢水彩画，她的作品明朗柔雅，其中没有色彩强烈对比的颜料的堆积，更全然找不到痛楚和绝望的影子。这种在绘画上追求的精致完美，同徽因在文学领域和建筑领域一直追求的优雅的美如出一辙。

在慰梅的笔下，她不吝用最好的词语来形容徽因的艺术才华：“她的神经犹如一架大钢琴的复杂的琴弦。对于琴键的每一触，不论是高音还是低音，重击还是轻弹，它都会做出反应。或许是继承自她那诗人的父亲，在她身上有着艺术家的全部气质。她能够以其精致的洞察力为任何一门艺术留下自己印痕……”

“年轻的时候，戏剧曾强烈地吸引过她，后来在她的一生中，视觉艺术设计也曾经使她着迷。然而，她的真正热情还在于文字艺术，不论是口头表达还是写作……”

但倾盖如故的友情也不要求两个人完全一致，正如思成和徽因的结合：思成理智，徽因感性；思成讷于言，徽因敏于行……徽因以她滔滔不绝的言语和笑声平衡着她丈夫的拘谨。

而慰梅，从画风到性格，都要更透明、温和一些，这与徽因的犀利截然相反。两对夫妇相识不久后，费玉清请梁家夫妇去山西游玩，在八月山西她们的“夏日行宫”，慰梅深刻认识到了她和徽因的不同之处：这次碰到的一些事，我们感觉都不太好，可是她在这时候就会大声咒骂起来，这对从小受到父母教育要“随时保持风度”的我来说，颇受刺激。我开始怀疑，她面对现实而大声抗议，我为了保持风度而消极在等待它过去，到底谁对？

从慰梅给梁、林的传记《梁思成和林徽因：一对探索中国建筑的伴侣》中也可看出，对这两个和她相知相交很深朋友的整个回忆，慰梅在传记中并没有任何突出自己的地方，也没有流露出更多的个性。作为徽因唯一交往如此之深的闺蜜，慰梅对徽因的描述和评价并不够特殊和深刻，很难满足读者旺盛的好奇心。

文如其人，慰梅本身也是一个给人以温厚感觉的人，徽因在同她的交往中，更多是在倾诉。旁观者清，慰梅相比徽因，无论是才华、家境还是身份地位上，都并不低人一等，可是她始终安然屈居徽因光芒的阴影之下，不争不抢、不出风头。她注定不像冰心那样，会因为嫉妒写出讽刺的语言。从某种程度上讲，她更像老金，在面对徽因的滔滔不绝时报以微笑和掌声，欣赏徽因的每一个优点，以自己的沉静衬托着她的锋芒毕露。

若说她们的友谊只建立在那些年的谈天说地和共同游历上，未免有些浅薄。锦上添花容易，雪中送炭却极为难得。徽因在昆明艰难岁月里，慰梅为她寄过支票，那些钱付清了梁、林夫妇在昆明盖的三间房子的费用；在李庄的困苦日子，慰梅托人捎给徽因的奶粉，这些贴心的营养品使得病中的徽因提早恢复健康；回到北京后，梁家夫妇又收到了慰梅首次出版的关于山东省武氏墓地汉代浮雕的书，从精神上鼓舞徽因勇于面对病魔……太多太多零零碎碎的帮助和支持，慰梅却并没在她的文字中夸大自己对徽因的作用，甚至直到徽因后期做了手术，术后的西药都是费家夫妇从美国捎来的。

徽因的离世并没给她们的情谊画上休止符，在慰梅的世界里，徽因永远那么活泼、开朗，那么多的文字都是为她而写，那么多的回忆全部来缅怀这个富有才情的东方美人。2002 年，白发苍苍的慰梅迈入另一个世界，我们无法看到徽因是如何含笑来迎接这个久别多年的老友，但是我们知道，慰梅的葬礼程序单内页，不只有她自己年轻时的照片，旁边还印着徽因的一首小诗。

「 第三节 」

万千宠爱，集于一身

神爱众生。

可是谁都不能否认，神爱某些人比较多一点。

毫无疑问，徽因就是神最宠的那个小女儿。在她即将来到人世时，上天就为她安排好了所有礼物——如花似玉的容貌，和蔼开明的父亲，浪漫多情的导师，夫唱妇随的丈夫，痴守一生的情人以及灵魂相通的闺蜜。

可是给她的最好的礼物却是人们看不见、摸不着的，那就是她对美的天生敏感和追寻。

陈寅恪有言："此后若中国之实业之发达，生计优裕，财源浚辟，则中国人经商营业之长技，可得其用，而中国人当可为世界之富商。然若冀中国人以学问美术等造诣胜人，则决难必也。"国人对于美的漠视和缺乏，正应了大师的担心，回首望去，恰如一石击中心怀，惊若天音之间，唯有黯然。而这天地之间，恰恰生了这个为美而生、为美而死的奇女子，林徽因三个字在追寻美的路上，永远是个无法逾越的传奇。

正是对美的热爱，她才能始终对中国瑰美的古建筑报以热情，仅仅是书本研究的纸上谈兵还不够，一定亲身考察，不惜燃烧生命去贴近与它的距离；正是对美的渴望，她对艺术这种美的直观体现才能有那么高的鉴赏力和天生的敏感，对于作者的评价既中肯又一针见血，对于作品的灵性而非技巧大加赞赏；正是对美的把握，她才能在戏剧这种动态美的展示中如此游刃有余，从背景布置到演员服饰、从态势语言到台词朗诵都展现的淋漓尽致；正是对美的不懈追求，她才能在文学的路上走的那么远，无论是诗歌、书信还是小说，都展露她独有的艺术魅力，在文字美的世界尽情畅游。

她的生命中，最不缺的就是美，但最求之若渴的也是美——美，对她的诱惑，正是成就她才情的最大诱因。

她不爱做家务——这当然并非源于懒惰，她在追求学问的道路上从不惫怠——她认为做那种杂事是浪费生命。“当我在做那些家务琐事的时候，总是觉得很悲哀，因为我冷落了某个地方某些我虽不认识，对于我却更有意义和重要的人们。这样我总是匆匆干完手头的活，以便回去同别人‘谈话’，并常常因为手上的活老干不完，或老是不断增加而变得很不耐烦。这样我就总是不善于家务……”相对的，她希望将生命消耗在学术的交流和研究上，不断地交流探讨可以使她窥见别人思想中的闪光点，倾述可以展现她自己想法中的美妙之处，争论可以让他人接受她的观点，这是她对美的强烈追求导致的，也是她在对自身的内在美要求不断提高的结果。

她身边环绕的都是有着自己思想、在自身领域有所建树的大家——即使是尚未成功的青年，也都是有某方面长处的潜力股——对于其他人，她是懒得敷衍的。在她去世后，有人去清华大学对她的故人进行采访，其间遇见一个与林徽因相识的原西南联大教授的夫人，当采访者问起对徽因的印象如何，这位夫人不无情绪地说：相识不一定相知，人家还未必看得起我们。采访者产生好奇后细细打听才知道，说好听些，徽因素来交往的人群并不包括这个群体的夫人太太们，说直白了，徽因并不愿意在家庭妇女身上多浪费时间。她不光追求内在美的不断提升，对身边友人的高尚、优秀也是要求十分严格的，这倒可看做是对外在客观世界的美的向往。

内在美和外在美对她产生的吸引力究竟有多大我们不得而知，但是我们可以从常理推测出这样的结论——这二者是很难达到极限的。没有终点的旅程注定只适合不知停飞的鸟儿，没有极限的追求让她像一根红烛，为了燃得更热烈一些，更炫目一些，忘却了流下的滴滴烛泪，狠下心不去看扑过来的只只飞蛾，不在意究竟还有多少岁月可以燃烧，直到生命最后一刻，还只惋惜没有让光芒留的更久一些。

成也萧何，败也萧何。对美的追寻路上种种艰辛，恰恰成全了她这个人。可世界之大，悠悠众口不可能吐出一致的声音，这本不稀奇。对同一个人，赞誉有之、诋毁有之，这也早就是常事。可是对于徽因，生前身后，对她的评价褒贬如此之极端，居然也是一景。

爱她的人自然看得到她的才学和成就，惊叹世间果然有这样的女人，集美丽、才情、傲骨与事业于一体；知道她不愧为“一代才女”，甚至说是才女之首也不为过。可是不爱她的人将目光多落在她的外表和感情上，对她“才女”之称嗤之以鼻。

有人说，“傻女人围着男人团团转，聪明女人让男人团团围着转”，她空背了个“民国才女”的名声，实际上不过是一朵上流社会的交际花；有人说，她依着自己天赐的美丽皮囊，实际上是一只绣花枕头，没有真才实学，在男人中“杨花水性无凭准”，唯有靠着某些诗人、哲学家的名气为世人所知；有人说，她的确没有文学才华，格局太小，纵向太浅，情调太浓，作品文青气很重，纵深远远不够；还有人说，她事事通事事松，并没有哪一个领域得到过杰出的成就，说出来不过贻笑大方而已；有人说，她就是知识界的一代著名女“演员”，形容做作，万事万物以自己为中心，她的魅力在于创造性的“演出”……

凡此种种，不一一列举。说出这些话的理由有很多，但终究逃不出几个原因——无知、误解以及别有用心的诽谤。

说她空有一副好皮囊的人，多是不了解她的故事，只凭着看了她几张照片就意淫着美女不能脚踏实地做事，甚至有人认为她的美才是她声名在外的唯一原因——这对于她，是多大的侮辱！

徽因注重自己的形象，偶尔还会小女人情怀地陶醉于自己的容貌。在和思成恋爱时就因为爱打扮，每次约会都让思成等上很久，梁弟思永还为此写了一副对子调侃他们：“林小姐千装万扮始出来；梁公子一等再等终成配。”爱美没有错，喜欢打扮也没错，本就是对自己和对他人的负责。可是美丽，怎就成了她的错误？！

“眉若春山，睛似点漆，肤若凝脂”，徽因的美貌是世人口中说腻了的陈词滥调。那些眼光流于表面的人们，凭着个人的想法，就认为徽因得到的爱是因为其如花美艳的容颜，不然徐志摩、梁思成和金岳霖怎么拜倒在她裙下不能自拔。

她确实很美，可是她的魅力绝不仅在其外表，她也并不以外在美为荣。金岳霖为他们夫妇特意做的对联“梁上君子，林下美人”并没能讨好她，反倒引起了她的娇嗔：“真讨厌，什么美人不美人，好像一个女人没有什么可做似的。我还有好些事要做呢！”却是思成听了很高兴，附和道：“我就是要做‘梁上君子’，不然我怎么才能打开一条新的研究道路，（那）岂不是纸上谈兵了吗？”这足以见，她欣赏自己的美，可是并不以此为重，并不愿凭着这美丽为世人所瞻仰。她的气质、内涵都要远远盖过她外表的华丽。

爱过她的人都非泛泛之辈，志摩、思成和老金在各自的领域里代表了当时的最高成就，都不是没见过美女的凡夫俗子，能被这三个人同时欣赏着、仰慕着的女人可以称之为了不起了。可想而知，若她真是只有外貌出色，志摩怎会陷入爱情的迷茫久不能自拔，梁启超怎会主动介绍爱子与她认识并在他们成婚前将她视如己出，思成怎会一次又一次地忍受她的小性子，老金怎会有眼无珠地恋了她一生……况且她后期病时，人已经清瘦似黄花，怎么看都提不上明媚动人的，怎么又能吸引那么多年轻的男女学生主动围在病榻，只为聆听她的谆谆教诲。

说她水性杨花的人，多是听了她和志摩、老金的几个故事，便自己在脑海中展开无数想象，甚至断章取义地在她的书信和传记里截取一些看似暧昧的话——什么志摩为她离婚，什么老金和她同居，什么胡适喜欢陆小曼所以极力撮合她和志摩……这些居心叵测的造谣，只适合刊登在不入流的八卦小报上，博得市井闲人一笑，说白了都是拿绯闻炒作，不负半点责任的胡编乱造。

说她八面玲珑、善于演戏的人，以为花朵吸引蝴蝶，就只因为它的娇艳颜色和优美造型，并没想到尽管蔷薇多刺，也有那么多人因为它的寓意而对它爱不释手。徽因其人，就是一朵多刺的玫瑰，她性格中的耿直、傲气和自尊，都是她的根根花刺，却并不影响她的芬芳四溢和淡淡容光。

林宣回忆，胡适工作时不喜他人打扰，故在门上贴了一张字条，意思是工作时间，恕不会客。别人见了都没什么，一次徽因拜访胡适，到了门口就扭头离去，恰逢胡适回家，便闻其为何过门不入，徽因指着门说，你自己看。胡适马上赔了笑脸撕下字条说，那是对别人的，不是对你。徽因这才消了气进门。胡适的性格并不算和煦温吞，在中国知识界也是赫赫有名，大概只有徽因才敢在他面前使性子，也只有对林徽因胡适才会如此礼让三分。从这一件小事，就知道徽因并不善于见风使舵，也绝不是左右逢源的人。萧乾也证实过："她从不拐弯抹角、模棱两可。这样纯学术的批评，也从来没有人记仇。我常常折服于徽因过人的艺术悟性。"由此可见，她对别人的吸引，更不可能是她的八面玲珑，而是出自她本人的魅力了。

说她空负"才女"之名的人，只看到了她光鲜亮丽的一面，至于她的钻研，她的刻苦，他们不想也不屑去看，情愿让无知的迷雾蒙蔽了双眼，情愿相信那个被扭曲到光怪陆离的幻觉。

他们不愿相信，在那么好家境中成长起来的她，会因为一个契机坚定自己的梦想，确定了建筑这条路后就一路向前毫无畏惧，哪怕是美国宾州大学的建筑系不收女学生，她也要旁听完所有的课程，以一名美术系毕业生的身份成长为一个建筑师。

他们不愿相信，她的建筑学水平不低于梁思成，若失了她的辅佐，思成也必不会有后来的成就。思成走上建筑学的道路，正是她一手引导；思成的每一个成果，都有她的汗水和心血凝结其中；思成的每一部著作，都经过她的润色和修改；思成的每一本手稿，都能看见她娟秀的字迹……思成坦然地承认："我不能不感谢徽因，她以伟大的自我牺牲来支持我。"诗人卞之琳也说，林徽因"实际上是他（梁思成）灵感的源泉"。这已不仅是"贤内助"三个字可以形容，分明就是并驾齐驱的战友，齐头并进的同志。

他们不愿相信，这样一个既有“倾国倾城貌”，又有“多愁多病身”的一介弱质女流，骨子里的斗志不输任何一个男人。她热爱美术，也同样喜欢骑马；她能写出缠绵的情诗，也能绘出精准的图纸；她能端坐“太太客厅”，享受百家争鸣的热闹和喧嚣，也能跋涉千山万水，细品考察调研的孤独与寂寥；她能“对镜贴花黄”，为自己挑选最合适的衣衫，以完美的形象展现给世人，也能“千锤万击还坚韧”，爬上神山古刹的横梁，与蝙蝠和臭虫为伍，忍受饥一顿饱一顿的考察工作餐。

他们不愿相信，她并非专业的诗人、作家，那些为数不多的作品多是她养病期间的闲暇之作，她的专业并非吟诗作对而是建筑设计，那些今日看来也许不够成熟的小诗在那个白话文和新诗都处于萌芽状态的中国，给了多少读者以美的享受和对新诗的希望，那些给他人的信件和散文，都是她感情的真实流露，曾使多少中国知识分子拍案叫绝，赞叹不已。

她的诗歌被赞为美好心灵的绝唱，其中《笑》被列入最有代表性的十首现代诗歌，于此同列的只有一位女性诗人，即卞之琳的《断章》，其他的均为男性诗人的作品，有徐志摩、戴望舒、郑愁予、闻一多……林徽因的小说《九十九度中》被赞为小说版的清明上河图，在她为志摩写的追思文章《纪念志摩去世四周年》中，她提到了志摩说过的一句话“世界上再没有比写诗更惨的事”，这个看来并不为外人所理解的抱怨却得到了徽因的心领神会。她说：“你并未说明为什么写诗是一桩惨事，现在让我来个注脚好不好？我看一个人一生为着一个愚诚的倾向，把所感受到的复杂情绪和尝味到的生活，放到自己理想和信仰的锅炉里烧炼成几句悠扬铿锵的语言（哪怕是几声小唱），来满足他自己本能的艺术冲动，这本来是个极寻常的事。哪一个地方哪一个时代，都不断有这种人。轮着做这种人的多半是为着他情感来的比寻常人浓富敏锐，而为着这情感而发生的冲动更是非实际的——或不全是实际的——追求，而需要那种艺术的满足而已。说起来写诗的人的动机多么简单可怜，正是如你“序”里所说“我们都是受支配的善良的生灵”……这样使一般努力于用韵文表现或描画人在自然万物相交错的情绪思想的，便被人的成见看做夸大狂的旗帜，需要同时代人的极冷酷地讥讪和不信任来扑灭它，以挽救人类的尊严和健康。

欲将心事付瑶琴，知音少，弦断有谁听？女人寻得徽音难，诗歌寻得知音难，徐能遇到林又和她互为知音真是足够幸运了——这样的理解，并不是随便一个爱慕诗人的狂热崇拜者就能说出的话，而一定是站在诗人的立场上，甚至站在高一阶位置的人，才能看得如此透彻分明。徽因对志摩的吸引，向来也不是因为谁的外表和名声，而正是这种肺腑之间的理解和交流。

他们以为……他们凭什么以为！是的，徽因只是一个凡人，自有她的缺点——生性耿直、过于清高，眼里容不得沙子，自尊心又太强，为人处世远不够圆滑——可是正因如此，她才是她。爱她的人自然也能够看到她的缺点，自然也能感受到她的不足。可是在他们心中，那些微不足道的缺点就是佳肴中的那一点辣，提神、爽口，缺少了它，这道菜仿佛就缺了点什么，再不是原来的味道。

爱她的人能够以宽大的胸怀包容她，恨她的人却要用她最瞧不起的行为来污蔑她。你们可以责怪她的不谙世事，可以责怪她的棱角分明，可是怎能说她华而不实，怎能说她空有其表？

种种误解和扭曲的事实，不过因为她是女人，而且是一个声誉极高的女人，她的才华和一生的传奇经历都为当世仰止，又光照来人。如果她不是生不逢时，如果她不是身体孱弱，如果她不是命途那么颠沛流离，作品能够得到妥善保存并一一整理，那么，我们今天看到的，也许就是一个真正的女诗人，一个近代建筑史上的泰斗。

「 第四节 」

走过重山，踏访古刹

是谁笑得那样甜，
……
是谁笑成这百层塔高耸，
让不知名鸟雀来盘旋？是谁
笑成这万千个风铃的转动，
从每一层琉璃的檐边
摇上
云天？

——林徽因《深笑》

徽因是诗人，更是建筑学家，两种相差甚远的身份却让她将科学精神和文学气质完美糅合在一起。因此，我们能在她的学术论文和调查报告中，看到她诗一般的语言，看到她用唱歌一样的舒缓语调将古建筑在技术和艺术方面的精湛成就娓娓道来，使文章充满诗情画意。

同时，我们也能在她的文学作品中，看到以古建筑为意象的比喻和抒情。《深笑》一诗，正是两者结合的最好体现，“百层高耸的古塔”“万千转动的风铃”，使空间向无限拓展。这些形象都是中国古建筑中最常见的经典意象，使用起来使得诗歌清新明快，古拙灵动，声色俱全，充满古典蕴味。

徽因对于建筑的感情，和思成对建筑的热爱并不相同。他们的儿子梁从诫对此深有感触：“他们之间在对中国传统文化的珍爱和对造型艺术的趣味方面有着高度的一致性，但是在其他方面也有许多差异。父亲喜欢按部就班，有条不紊；母亲富有文学家式的热情，灵感一来，兴之所至，常常可以不顾其他，有时不免受情绪的支配。”

“文学家式的热情”，指的正是更富于灵性的、对建筑美的欣赏，而非像思成一样，更专注于测绘和实物的考证，热衷于绘图和摄影。思成自然也认识到了这一点，而且对自己的专长并不十分自信，更推崇“内子林徽因”的观点。在“清式营造则例”的“序”中，他不无谦虚地说，“只是一部老老实实、呆呆板板的营造则例——纯粹于清代营造的则例”，所以要请徽因作序，来弥补历史与理论方面的不足。

世人多看到徽因的文学才情，却鲜少有人知道她在建筑学中的贡献。那并非一个“白山黑水”的校徽图案就能代表，也不是几座宿舍楼的设计图所能说明。举个最简单的例子，但凡对建筑学有些研究的人，就不能不知道这个生动活泼的词——建筑意。而这前无古人后无来者的原创名词，正是出自徽因之手。

“建筑意”是相对于诗意、画意而提出来的，这正说明在徽因眼中，建筑中的美不比诗歌和绘画艺术逊色，《平郊建筑杂论》一文中提到：“顽石会不会点头，我们不敢有所争辩。那问题怕要牵涉到物理学者，但经过大匠之手泽，年代之砸磨，有一些石头的确是会蕴含生气的。天然的材料经人的聪明建造，再受时间的洗礼，成美术与历史地理之和，使它不能不引起鉴赏者一种特殊的灵性的融合，神志的感触，这话或者可以算是说得通。”

这种对于美的追寻和独特感受，确实体现了徽因的一种对建筑特有的深刻理解。这样的文字我们不能在其他专业论文中看到，而更贴近于抒情的散文，或是对美好事物的品鉴感受。这样细腻的感情和狂放的想象，这样精准的用词和大胆的定义，这样生气盎然的韵味和流动的灵感，体现了徽因对建筑的热爱和对建筑美的理解。“……这些美的存在，在建筑审美者的眼里，都能引起特异的感觉，在‘诗意’和‘画意’之外，还使他感到一种‘建筑意’的愉快。这也许是个狂妄的说法——但是，什么叫做‘建筑意’？我们还可以找出一个比较近理的含义或者解释来。”

夏铸久在《营造学社——梁思成建筑史论述构造之理论分析》中热情地评论道：“林徽因的建筑史写作，文字动人，使得一种技术性的写作，也充满了热情，以带有深情之语句，肯定的口气，鼓舞读者之感情。譬如说，林徽因用字精要，段落分明，尤喜于段落结尾。以肯定性之语句，简洁地完成段之叙述目的。”

而徽因对建筑学的贡献，还远远不止这些纸面上的功夫。

早在离开东北大学时，思成就接受了朱启钤的邀请，担任中国营造学社的法式部主任，林徽因也参加营造学社的工作，从此开始了他们在中国营造学社长达十五年的调查研究中国古建筑的艰难而又成果丰硕的生涯。

20 世纪 30 年代初到中日战争爆发的几年间，正应该是她和思成婚后最甜蜜的几年，可是他们没有将大好时光消耗在风花雪月、郎情妾意上，对他们来说，最好的约会地点就是一个新的建筑遗址的发现地，最浪漫的约会行为就是在沙土中找到一块佛像的残骸。这期间，他们用脚步丈量了祖国大半河山，踏访了十五个省份里的两百个县，两千余处中国古代建筑遗迹上留有他们标尺的痕迹，为中国古代建筑研究奠定了坚实的科学基础。这使得那些对徽因说三道四的人哑口无言。

从河北正定到山西汾阳、洪洞，从杭州六和塔到浙南武义宣平镇和金华天宁寺，从河南洛阳龙门石窟、开封到山东历城、章邱、泰安、济宁，陕西西安、长安、临潼、户县、耀县等地……这一连串的地名在今日看，不过是飞机火车几天的路程。而在当年，那个大多数地方还没通火车、很多村镇都没有马路的时代，毛驴就是最奢侈的交通工具。大多数时候，他们都是用双脚走过重山，趟过流水，各地的风沙扑向她光滑细腻的脸庞时，没有因为她的闭月羞花有着一点点怜惜。可是，她没有退缩。

当时的考察不像今天，有限的资金只能提供简陋的考察设备，照相和测量的仪器就是最重要的工具，其他的只有些可伸缩的尺子和自制的玩意儿；常常饥一顿饱一顿，身上带的干粮不够支撑全程的时候，在老乡家吃一碗不知什么材料做的黑乎乎的面条就已经是难得的饱餐；相对于山间地头的帐篷和吊床，苍蝇乱飞、满是牲口的客栈已经是不错的住宿条件；并不和平的神州大地，四处流窜着杀人越货的土匪盗贼；除了蚊虫和蝙蝠，山上还有不少致命的猛禽毒蛇……可以说，每次考察的成功归来，都冒了极大的生命危险。

可是徽因却带着极大的热情歌颂着所看所感的一切：

“……没有动身之前不容易动。走出来之后却就不知道如何流落才好。旬日来眼看去的都是图画，日子都是可以歌唱的古事。黑夜里在山场里看河南来到山西的匠人。围着一个大红炉子打铁，火花和铿锵的声响散到四围黑影里去。微月中步行寻到田陇废庙，划一根“取灯”份偷照看那瞭望观音的脸。一片平静几百年来没有动过感情的，在那一闪光底下，倒像挂上一缕笑意。”

功夫不负有心人，这期间，他们出版了《清式营造则例》一书，发表了《闲谈关于古代建筑的一点消息》的散文，完成了六和塔重修计划，做出了小雁塔的维修方案，发现了榆次宋代的雨花宫的建筑年代……最重要的是，他们在考察唐代佛光寺的过程中，徽因意外地发现了这个千年古寺的建筑时间和历史价值。

中国的房屋大多是砖木构建，当时已不知是否还有唐代木构建筑的存在。在当时的中国，发现的最早木构建筑是宋辽时期的，更早的木结构建筑多毁于朝代的更替和连绵的战火中，存于世上的尚未被人发现。在这段木建筑发现的空白时期，日本研究东方文化史的学者曾扬言，要想研究和考察宋辽时期以前的世界现存古代木构建筑，只有到日本奈良去，研究建于公元 607 年奈良的法隆寺。这样的说法就是否认了辽阔的神州大地存在唐代木构建筑。

作为建筑史研究家，徽因和思成为这个现状伤悲和遗憾，但始终不放弃希望，觉得能找到木构建筑的代表。这不仅是为中国建筑史增添一个资料，更是在日本人面前为中国争一口气。

1937 年，这对夫妇终于在法国人所著的《敦煌石窟图录》中看到了一点曙光，这本书中有两幅画，不仅描绘了五台山的山川和寺庙，还标注了寺庙名称。他们不确定，这一点点线索能否带他们找到那些唐代的寺庙，找到那唐代木质结构建筑在中国的证据。他们已经经历了太多次失望和无功而返，而千年的岁月对建筑来说，不仅仅是风霜雨雪的侵蚀，更有战火和灭佛运动的灭顶之灾，更何况是不易保存的木质结构。但是，他们没有因为希望渺茫就放弃，他们仍然在不断寻找。

思成和徽因分析，佛光寺位置很偏僻，进山的道路又不好走，前来上香的善男信女必定不会很多，香火不旺的话寺庙就不会有翻修的可能。那么，如果没有天灾的话，很可能保留下来。于是，6月份，他们带了两个助手，克服着思成的腿伤和徽因的肺病威胁，第三次进山西了。

途中种种，诸多磨难无须细表，他们在一篇调查日记里写道："行三公里雨骤至，避山旁小庙中。六时雨止，沟道中洪流澎湃，不克前进，乃下山宿大社村周氏宗祠内。终日奔波，仅得馒头三枚，晚间又为臭虫蚊虫所攻，不能安枕尤为痛苦。"但不管怎样，他们一行人终于在五台山脚下的豆村背面山坡上找到了这个寺庙——佛光寺。

梁思成发表在英文版《亚洲杂志》1941年7月号上的《中国最古老的木构建筑》一文中这样写道：

"这座庙宇是建在山坡一处很高的台地上，面对着一座大院，周围有二三十棵古松环绕。它是一座很雄伟的建筑物，仅有一层高的大殿，有着巨大、坚固和简洁的斗拱和深远的出檐，一眼就能看出其年代的久远。但它能比我们此前发现的最老的木建筑还要老吗？"

思成和助手在对东大殿正面的大门做了仔细研究后认为，"其造门之制，是现存实例中所未见的"，而在屋顶又如获至宝地发现了过去只在唐代绘画中见过的双主椽结构，看到了只从《营造法式》上读到过的古老人字形"叉手"承脊栋，整个寺庙的壁画和建筑都指向了一点——这是一个唐代的建筑。可是科学需要更精确的证据。为了确定这座深山古刹的建筑年代，他们对古寺进行了彻底的测量和勘察，寺因势建造，坐东向西，三面环山，东大殿宽敞的佛龛上，共有 3 5 尊塑像，在佛龛左边，有一尊真人大小、身着便装的女人坐像。面容恬静温柔，低眉顺目。庙里的僧人告诉他们，这是武则天的塑像。

寺庙的大殿脊檩上，往往写有文字，而那些文字很有可能透露出佛光寺的建造时间，为此他们爬上了大殿的屋顶藻井。在伸手不见五指的黑暗中，手电的一线微光是唯一的光源。电筒光线所及，倒挂着密密麻麻的蝙蝠，活着的蝙蝠驱之不散，而数不清的蝙蝠尸体竟然铺满了整个檩条。照相机的镁光灯闪亮，惊飞了的蝙蝠带起了千年尘埃和秽气，而尘埃散去后，展现在他们面前的是吃蝙蝠血为生的数以万计的臭虫。

那些置疑徽因的人恐怕很难想象，那样一个人儿，那样一朵出淤泥而不染的白莲，竟会在这样艰苦的环境下与蝙蝠和臭虫做斗争。

他们费去两天搭了个支架，又在大梁上奋战了几天，洗去了厚厚的尘土，终于在两丈高的大梁底面发现了墨迹，徽因凭着她的远视眼，认出了“佛殿主上都送供女弟子宁公遇”几个字。就是说，大殿是由一个叫宁公遇的信女出资建造的。而大殿前的石经幢上恰好也有相同的名字，这不是偶然的巧合，这说明殿内的女子塑像不是武则天，而是这个叫宁公遇的女子。徽因的儿子后来回忆道：“对谦逊地隐在大殿角落中本庙施主‘女弟子宁公遇’端庄美丽的塑像，母亲更怀有一种近乎崇敬的感情。她曾说，当时恨不能也为自己塑一尊像，让‘女弟子林徽因’，永远陪伴这位虔诚的唐朝妇女，在肃穆中再盘腿坐上他一千年！”

殿内的文字显示出，大殿建于唐朝大中 11 年，即公元 857 年。这不仅是最早木结构建筑，也说明中国境内尚存唐代木结构建筑！从此，我们不必再远去日本看别人的东西了。梁思成的喜悦溢于言表："这是我们这些年的搜寻中所遇到的唯一唐代木建筑。不仅如此，在这同一座大殿里，我们找到了唐朝的绘画、唐朝的书法、唐朝的雕塑和唐朝的建筑。它们是稀世之珍，但加在一起它们就是独一无二的。"

而他对自己的妻子也是赞誉有加："这位年轻的建筑学家，本身是个女人，将成为第一个发现中国最希奇的古庙的人，而该庙的施主竟然也是个女人，显然不是一个偶然的巧合。"

是的，这当然不是巧合，这个天大的喜悦，是上天犒劳他爱怜的小女儿林徽因的最好礼物。佛光普照，这座千年古刹为徽因对中国古代建筑的实地考察，画上了一个最完美的句号。

第七卷

艰难岁月，相依风雨中

「第一节」

艰难岁月，笑声依旧

从山西深山的桃花源中返回俗世，徽因和思成还没从喜悦中回过神，就听闻了日本全面入侵中国的噩耗。这对他们来说，不仅是一个世界的崩溃与惊惶，更是“黑云压城城欲摧”的国难当头。那是怎样的一个黑暗时期啊，军队从城中走过，每天都能听见门外士兵的喧哗和挖堑壕的号子，孩子的啼哭偶尔一两声，就被惶恐的保姆捂住嘴变成了压抑的哽咽。

可是徽因和思成最担心的，并不是全家老少的安危，而是营造学社几年来积累的大量资料。深思熟虑后，他们将这些资料放到了他们认为——在当时看了也确实如此——最安全的地方，天津英租界英资银行保险库的地下室。

为这资料做好了万全的考虑，可是他们并没马上离开。梁从诫回忆道：“战争对于父母来说意味着什么，他们当时也许想得不很具体，但对于需要做出的牺牲，他们是有所准备的。这点，在母亲1937年8月回到北平后给正在北戴河随亲戚度假的八岁的姐姐写的一封信里（奇迹般地保存了下来），表达得十分明确。母亲教育姐姐要勇敢，并告诉她，爸爸妈妈‘不怕打仗，更不怕日本人’，因此，她也要‘什么都顶有决心才好’。”他们在北平教授致政府的呼吁书上签了名，请求政府抗日，以实际行动支持宋哲元。

可是当时政府的所作所为，伤透了这群知识分子的心。很快，北京城的大街小巷飘满了日本的太阳旗——日军占领了北平。日本人进驻后，最着急的就是笼络能人为他们做事，没多久，他们夫妇就受到了来自“东亚共荣协会”的邀请函。这个时候，他们才知道日本人已经打起了他们的主意，不走不行了。

徽因和思成并不怕旅行，那么多考察的时光给他们带来了太多行路的经验。可是这样因为外国人的侵略，背井离乡的流亡，却使他们身心俱疲。思成这时候被诊断出脊椎软组织硬化症，不得不时刻穿着一个支撑脊柱的铁背心，而徽因的肺部空洞更需要注意，稍有不慎就会演化成更大的后果。

他们的第一站是梁家在天津意大利租界的房子，在当时来看这确实是个很好的选择，可是并没能停留很久。根据慰梅的回忆，那时他们还抱有战争能够很快结束的希望和天真：“发生了这么多事，我们都不知道从哪里说起。总之我们都是好好的，一个星期之前我们到达天津，将要坐船到青岛去，从那里再经过济南，去到换车船不超过五次的任何地方——最好是长沙，而其间的空袭要尽可能的少。到那时候战争就打赢了，对我们来说永远结束了。”

可是事实往往不尽人意，在徽因给沈从文的信件中我们可以窥见一斑：“由卢沟桥事变到现在，我们把中国所有的铁路都走了一遍，带着行李、小孩，奉着老母，由天津到长沙，共计上下舟车十六次，进出旅店十二次。”长途跋涉后，他们终于抵达了长沙这个他们认为暂时安全的地方。

可是长沙并非他们想象中的乐土——头顶上每天都有飞机隆隆飞过，造成的低气压使人连气都喘不上来。在这样的环境下，长沙依然越来越拥挤，街上挤满了逃难的人群，飞机的警报和人们的哭号每天萦绕在城中，久久不能散去。

徽因他们并没被这样的现实所击倒，清华和北大的一些教授和文化界的朋友们也陆续到了长沙。他们经常在晚上聚在一起，到徽因他们的临时住所相聚。“太太客厅”变成了家徒四壁的简陋房间，舒适的沙发换成了小小的板凳和马扎，咖啡和香茗变成了小炉子上的简餐……可是女主人还是那个女主人，睿智、自信、乐观、向上，客人们仿佛回到了北平那些个暖洋洋的星期六下午，回到了和平的旧时。徽因给慰梅的信中说：“一到晚上，你会遇到一些从前在北京每星期六聚会的朋友们在这儿那儿闲逛，到妇孺们来此地共赴‘国难’的家宅里寻找一丝家庭的温暖……在这三间房子里，我们实际上做着以前在整个北总布胡同三号做的一切事情。对于过去有许多笑话和叹息，但总的来说我们的情绪还很高。”可是乐观的心情并不能改变战况的不乐观，她说：“我们从山西回北平时，卢沟桥事变已经发生一个多星期了，我们亲眼看到那一带的防御能力几乎等于‘鸡蛋’。我就不相信一抗战就能有怎样了不起的防御抗击能力，阎老西儿的军队根本就不堪一击。天气已经开始冷了，3 个月前，我们在那边已穿过棉衣。看看街上那些过路的士兵，他们穿的是什么？真不敢想，他们在怎样的情形下活着或死去！”

空袭很快来到长沙，这使得他们失去了最后的小小乐趣。徽因的住宅在第一次空袭中直接被一颗炸弹命中，谁也不知道他们是怎样逃脱被炸成碎片的厄运的。当徽因和思成一人抱着一个孩子跑到屋外时，眼睁睁地看着刚刚还温馨的家毁于一旦。另一架轰炸机擦着楼顶飞过，他们再也逃无可逃，只好留在原地抱在一起——要死，也要死在一块！可是奇迹发生了，掉落在他们身边的炸弹竟然没有炸响，嘈杂声中他们安慰着惊呆了的一双儿女……

大难不死，他们不得不在废墟中翻找家里的东西。梁从诫说，他仅有的童年记忆，是跟母亲在瓦砾中挖掘家里的东西，母亲找能用的炊具，而他找积木。

为了活下去——此时此刻，已经没有比这个要求更高级的需求了。他们全家决定离开长沙，前往云南。这些受过教育的高级知识分子，本应作为政府的宝贵财富被保护起来，提供给他们更好的物质条件使他们发挥更大的作用……可是在政府自顾不暇的危机关头，徽因他们也得不到应有的尊重与保障。她的情绪难免因此而沮丧："我们已决定离开这里到云南去。我们的国家还没有健全到可以给我们分派积极的战时工作的程度，因此我们目前仍然是'战时厌物'。因此干嘛不躲得远远的给人腾地方。有一天那个地方（昆明）也会遭到轰炸，但我们眼前实在没有别的地方可去。"

面对那样没有一线光明的黑暗，面对那样一眼望不到头的绝望，不同的人选择了不同的道路。国难的现实仿佛一面巨大的照妖镜，各种素日里高喊爱国的魑魅魍魉在镜下原形毕露，而各路刚正不阿的正人君子也都在这时体现了风骨。

而这时，徽因却为被剥夺了在战争中的积极作用而陷入苦恼和愤怒，更让她心碎的是，那些旧友已经分散到祖国各个地方，"烽火连三月，家书抵万金"，能得到他们的一点点消息都让他们觉得欢欣鼓舞，可是却求之不得。“除了那些已经在这儿的人以外，每一个我们认识的人和每一个家庭成员，都分散在不同的地方，而且相互间不通消息。”在经历了苦苦挣扎后，徽因和思成踏上了前往昆明的大客车。

在他们以为已经不会有更糟的情况时，上帝又和他们开了一个玩笑——在湖南临近贵州附近的小县城里，所有的大车都被征用，他们不得不停留在这个小镇，而徽因的肺病终于不堪重负，复发了。漫天的风雪扑打在徽因高烧到四十多度的额头上，化作冰冷的雪水沾湿了衣襟。天无绝人之路，他们终于在一个小旅馆找到了住的地方——那是八个年轻的空军学员将自己的房间让出一间给他们住的。他们在那里停留了两周，两周时间，不仅缓和了徽因的病情，也使思成和徽因同那八个年轻人建立了深厚的友谊。这几个小伙子都是抗战前夕沿海大城市中投笔从戎的爱国青年，父母、亲人都在沦陷区，但是他们把梁家当成了自己的家，把思成和徽因当成了长兄长嫂，他们的联系一直保持到到达昆明后，他们甚至亲自感受到了这些大男孩由学员成长为飞行员、为国家战斗的整个过程。

经过这样曲折的旅行，他们终于抵达了昆明。即使徽因身体孱弱，病魔缠身，仍然不能阻止她活跃的心。一见到美好的景色就像一个贪杯的人看到美酒。她给慰梅写信说到这些，带着一种喜悦和惋惜：“不时还有一些好风景，使人看到它们更觉心疼不已。那玉带似的山涧、秋天的红叶、白色的芦苇、天上飘过的白云，老式的铁索桥、渡船和纯粹的中国古老城市，这些都是我在时间允许的时候想详详细细地告诉你的，还要夹杂我自己的情感反应作为注脚。”

昆明的春天，是属于花的海洋，阳光半明半暗、澄明温顺地照在这片大地上，也给予了这群逃难者温暖。在昆明的几年是徽因身体维持健康的最好几年，也是他们遭受更大苦难的一个缓冲。思成的身体愈发不好了，徽因不得不担起来家务的重担。

她如月光般恬静光洁的面庞被这样的困苦生活刻上了一道道皱纹，她在香山众人呵护下养好的身体被繁重的家务折磨得难以挺直脊梁，她盈盈秋水的眉眼间多了“国破山河在”的忧国忧民，她纤细的身形变得愈加形销骨立，她写出优美诗句的纤纤素手不得不拿起锅铲和抹布……

任何事情都不会一直走向不好的方向，他们在这极大的苦难中也找到了自己的乐趣，仿佛前方就是否极泰来的转折。这时，他们借住在翠湖巡律街前市长的宅院里，不久老金同着西南联大的沈从文、朱自清等老友们也赶到昆明了，徽因疼爱的弟弟林恒到达了昆明航校，那几个认识的空军学员小伙子也常常来梁家玩，思成夫妇甚至以家长的身份出席了他们的空军学院结业典礼。

简陋的家里重新热闹起来，“太太客厅”仿佛从北平搬到了昆明。这些朋友都将思念、希望和焦虑压在心底，交换给彼此的都是生活琐事中的细碎快乐。在这样的条件下，思成依然极力奔走，希望恢复营造学社的运转；老金还在忧心联大的校址问题，希望保持中国的大学高等教育；徽因在家务和孩子中间忙的团团转，还抽空为云南大学设计女生宿舍，这些家务和工作却没有使她失了审美的眼睛和心。

她在小诗《茶铺》里，描绘了看到的劳动人民的一切。这样温柔恬静的笔触，并不像一个在逃难中的主妇所作，反而像是未经历磨难，对生活充满无限希望的少女。她说：

……
茶座上全坐满了，笑的，
皱眉的，有的抽着旱烟，
老的，慈祥的面纹，
年轻的，灵活的眼睛，
都暂要时间茶杯上
停住，不再去扰乱心情！
……
白天，谁有工夫闲着看云影？
不都为着真的口渴
四面窗开着，喝茶，
翘起膝盖的是疲乏，
赤着臂膀好同乡邻闲话。
也为了放下扁担同肩背
……

为了躲避市区不知何时落下的炸弹，他们搬到了市郊并在那里盖了三间小房子——这是这对建筑师一生中唯一为自己设计的房子——老金就住在他们后院，他们在这里度过了短暂的美好时光。“思成笑着、驼着背（现在他的背比以前更驼了），老金正要打开我们的小食橱找点东西吃，而孩子们，现在是五个——我们家两个，两个黄家的，还有一个是思永（思成的弟弟）的。宝宝常常带着一副女孩子的娴静的笑，长得越来越漂亮，而小弟是结实而又调皮，长着一对睁得大大的眼睛，他正好是我所期望的男孩子。他真是一个艺术家，能精心地画出一些飞机、高射炮、战车和其他许许多多的军事发明。”

快乐只能麻痹一时的神经，现实毕竟是有着诸多苦难的。这个贵族千金这时候第一次感受到了生活的窘迫，他们盖房子的钱甚至都是慰梅从美国寄过来的，老金怜惜而又无计可施地表示：“她仍旧很忙，只是在这种闹哄哄的日子里更忙了。实际上她真是没有什么时间可以浪费，以致她有浪费掉她的生命的危险。”

可是即使这样的快乐，对于他们都是奢侈的昙花一现。

1940 年 12 月，思成从四川回来以后就被任命为中央研究院的研究员，联大搬迁的事情终于有了结果，对他们来说却并不是一个好消息——中央研究院、中央博物院、同济大学和营造学社等多家文化学术机构都迁移至重庆西边大约二百英里、长江南岸的一个小镇——李庄。

「第二节」

战火迷离，隔绝小镇

若说一路逃亡昆明的颠沛流离只是苦难的序曲，那么李庄的岁月为苦难彻底拉开了帷幕——命运之神激昂地用上了所有狂风暴雨似的节拍，鼓、锣、大提琴和低音号成了整场演出的主角，肆虐着演奏出最悲怆的交响乐。

今日的李庄是一个古朴的小城，悠然地点缀在天府之国的大地上，有着“江导岷山，流通楚泽，峰排桂岭，秀毓仙源”的美誉。可是在交通条件极差、物质生活得不到保障、医疗水平又极其低下的当年，这里对于思成和徽因来说，无异于一个噩梦的开始。

思成生病了不得不暂时留在昆明，徽因带着两个孩子和老人独自乘卡车前往四川。寒冷的敞篷卡车上，风霜撕扯着皮肤。顾不得自己，徽因将两个孩子紧紧抱住，生怕冻着他们一点儿。两个星期的旅程使得他们疲惫不堪，装载着老的少的车辆在仲冬天气越过大山。

李庄是个什么样的地方呢？没有电，没有车子和代步的牲口，没有电话和与任何现代生活接轨的地方。李庄的人想出去，坐船；外面的人想进来，坐船。再没有其他能够和外界沟通的途径，甚至下了船要进山来，也只能走窄窄的梯田中的石路。这里的村民可能有他们朴实的一面，但是那些朴实和他们的落后成正比。他们不能理解这些蜂拥而至的外来人，这些人清高、含蓄又没有实际的劳动能力。最重要的是，这些人的到来使得本就不富裕的小村物价抬高、食物供不应求。村民们的怒气和怨气无处可放，小村里弥漫着不和谐的气氛。

这样的气氛使得来到这里的人们也无法保持平和的心态，徽因几乎无法理解在这样压抑的气氛作用下，这些逃难来的知识分子为何情感会发酵的如此烦躁。“这是一个思想偏狭的小城镇居民群。最近，一些快乐的或者滑稽形式的争吵已在受过高等教育的人群中发展到一种完全不相称的程度。我很怀疑，是不是人们在一个孤岛上靠十分菲薄的供应生活，最终就会以这种小孩子的方式相互打起来。”

上层的安排自有他的道理——这样与世隔绝的小山沟，敌军的飞机自然是不会轰炸的；可是上层也欠考虑了些——潮湿阴暗的环境和完全原始的条件，使这些知识分子饱受了病痛的折磨。

这个小镇成为她人生的又一站，这样的条件下，徽因很快病倒了。病的时候，林徽因的心格外脆弱，仿佛所有的华彩都灭了。梁再冰回忆起那段不堪回首的日子时说：“我们入川不到一个月，母亲肺结核症复发，病势来的很猛，一开始就连续几周高烧到 40 度不退，李庄没有任何医疗条件，病人只能凭体力慢慢煎熬。从此，母亲就卧床不起……食品越来越贵，我们的饮食也就越来越差，母亲吃得很少，身体日渐消瘦，后来几乎不成人形”。

身体上的病痛本应使得她无暇顾及外面的客观世界，可是家庭条件的每况愈下牵动着她的心。营造学社没有固定的经济来源了，思成不得不常常去重庆的教育部请款，可是那点微不足道的钱在通货膨胀的巨大压力下起到的作用可谓九牛一毛。

他们的家矮小潮湿，两间小小的竹篾搭成的小屋，涂了些泥就变成了遮风避雨的住所，屋子顶棚时常传来老鼠和蛇爬过的沙沙的声音；硬梆梆的床上爬满了臭虫，全家唯一的一张行军床就成了她的病床；没有自来水和电灯还在其次，更恶劣的是整个小镇都没有医院，也没有像样的医生。为此，思成专门学了扎针，成了她的专属“大夫”，靠着不知道有没有疗效的药品维持着她的生命……

这是高官厚爵的林家千金大小姐，这是声名显赫的梁家大少奶奶，这是学贯中西的“太太客厅”的女主人……这个本应被人捧在手心的女人，还在昆明的时候不得不亲自提了瓶子打油买醋。李健吾听说了这个消息之后惊呼：她是林长民的女公子，梁启超的儿媳！如果他知道徽因在李庄的窘迫经历，恐怕只有长歌当哭的份了。

病时无事，她开始怀旧，怀念曾经的岁月，怀念伦敦的雨雾，也怀念人间四月天的芳菲，而现在的自己竟这样老了，她怀念起当时在香山的美好，一切都已经不复返了。

那时的梁家，稍微值钱点的东西都拿去当铺当了，只为换来一点食物填饱全家人的肚子，可渐渐地，这也成了奢望。正在上小学的孩子们只能穿着草鞋或光着脚丫，只有最阴冷的冬天，才能穿一双外婆自己做的布鞋。街上买的布制品和金叶一样的稀罕，家里的枕套和床单在洗涤的时候不得不小心又小心地搓揉，生怕一个不注意搓破了就再也没有别的东西可以代替。衬衫和别的衣物也是一样，洗过太多次的织物薄的像纸一样脆，稍微用力拉扯，扣子就会耷拉下来，衣服烂的不成样子。

物品的稀缺也是前所未有的。晚上思成要写书、孩子们要做功课，可是不但没有电灯，连煤油灯都是奢侈品，只有用自制的菜油灯——木料做的灯台，小铁锅似的灯盏，盏里盛着一点点油再加上根自己捻的灯芯，就是全部照明设施。用久了，整个灯都熏得乌黑。日常的餐具都是残缺不全的，坏掉了也没办法换，只要没有彻底碎掉，就凑合着在没有豁口的地方继续用。唯一的一支体温计被从诫失手打碎之后一直没有新的，足足大半年的时间，徽因都没有东西量体温，只能凭自己的感觉估计。

每一张纸都是宝贵的，不管是专门的蓝色信纸还是大大小小、形形色色的纸张，不管之前它的使命是包裹菜或肉还是什么包装盒拆开的空白地方，全部都利用起来。在李庄的时候，徽因他们给慰梅寄的信使这个美国姑娘切身感受到了他们受到的生活压力，"但共同的是每一小块空间都使用了。天头地脚和分段都不留空，而最常常只有半页或三分之一页，其余的裁下来做别的用了。而那仍在使用的信封上贴的邮票的数目使人懂得，当时即便不出中国，通信有多贵——因此也有多仓促。这也说明为什么一个信封里常常装着多日以来为邮资的一次大挥霍积下的好几封信"。

和其他一切东西比起来，食物才是最紧缺的东西。思成每次领到薪水后，都不得不立即去买油和米，不然就会被急剧上涨的物价变成废纸一堆。随着市面上物价的水涨船高，他们的伙食也越来越差，没有好的营养品，徽因的身体日渐虚弱下去。

为了给徽因补充营养，思成不得不频繁出入当铺，用派克钢笔、手表等稍微值点儿钱的东西换来鱼和肉，可是他们不改乐观精神。

从当铺归来，思成还会开玩笑说：把这只表“红烧”了吧！这件衣服可以“清炖”吗？为了变点儿花样好让徽因多吃一点，思成学会了蒸馒头、煮饭和做菜，他将土制红糖蒸熟消毒，当成果酱抹在馒头上食用，戏称之为“甘蔗酱”。

在李庄的日子对他们来说，最困难的不仅是物质生活的匮乏，更在于其与世隔绝的环境。他们就像是生活在孤岛上的流放之人，孤军奋战的勇士，偶尔得到一星半点儿朋友的消息都极其宝贵。这个时候，北平那边甚至传出了林徽因已经病故的消息，足见当时的信息有多么闭塞。强大如徽因，也开始重新思考存在的意义，在给沈从文的信里，她这样写：“如果有天，天又有旨意，我真想他明白点告诉我一点事，好比说我这种人需不需要活，不需要的话，这种悬着的日子也不都是奢侈？好比说一个非常有精神喜欢挣扎着生存的人，为什么需要肺病，如果是需要，许多希望着健康的想念在她也就很奢侈，是不是最好没有？”她的这些几近愤怒的诘问中，却并没有哀音。

就在这封闭得快将人逼疯的境地，老金如同一场及时雨，带着一路风尘从昆明千里迢迢地赶来了。

不难想象老金刚看到她时心底的震撼和痛楚，那样宁折不弯的她不得不屈服于恶劣的现实环境和糟糕的身体状况躺在床上，这样的认知会让每一个人爱她的人心碎。她的病情和梁家的生活环境，都远远超出了他的想象。那个明眸善睐、能言善辩的“女公子”已经被恶劣的环境拂去了她的光辉，展现在他面前的，是一个憔悴、虚弱、骨瘦如柴的咳喘病人。

老金并没有在伤感中徘徊多久，他当机立断，用自己本就不多的薪水买了十几只鸡崽，养在徽因家的院子前。明知道鸡崽长成能生蛋的母鸡需要时间，他还是忍不住“一日看三回”。梁从诫对此印象颇深：“金爸在的时候老是坐在屋里写呀写的。不写的时候就在院子里用玉米喂他养的一大群鸡。有一次说是鸡闹病了，他就把大蒜整瓣地塞进鸡口里，它们吞的时候总是伸长了脖子，眼睛瞪得老大，我觉得很可怜。”

早在北平时，老金就是养鸡能手，还闹过与鸡同桌共食的笑话。这些当时的闲情雅致，到了这里就纷纷成了生存技巧。也多亏了他丰富的养鸡经验，那十几只鸡长势喜人，不久就能下蛋给徽因滋补身体了。

同样雪中送炭的还有慰梅一家，他们远在美国却时时牵挂着这个小村庄。他们托人带来奶粉给梁家，这些战时难得一见的补给品为徽因恢复健康做出了巨大的贡献。

老金想着法子的安慰徽因和思成，甚至结合了自己所学的逻辑学专业思维。他说：“在这艰难的岁月里，最重要的是，要想一想自己拥有的东西，它们是多么有价值，这时你就会觉得自己很富有。同时，人最好尽可能不要去想那些非买不可的东西。”老金的存在给了徽因很大的精神支撑。

思成的细心照顾，老金的精神慰藉，慰梅夫妇从美国遥寄的营养品，加上两个可爱的儿女承欢膝下，徽因的身体渐渐好转起来。本以为已经雨过天晴，可谁知更大的风雪还在后面，狞笑着向这个女子伸出魔爪。

「 第三节 」

一枝寒梅，笑傲冰雪

梅花本不十分美丽，花朵那么小，香气又那么淡。既没有牡丹华贵的国色天香，又不像芍药娇艳的妩媚多姿。它的美，胜在它开放的环境，寒冬腊月，“雪虐风号愈凛然”。只有在刻骨的寒冷下，方可见梅的品格。

松树本不十分讨喜，却针叶如铁。既不似柳丝款款轻舞惹人醉，也不像桃花、梨花团团簇簇迷人眼。它的美，胜在它生长的位置，刀刻的石峰上，唯有它依然郁郁葱葱。“千锤万击还坚韧”，只有绝境的险峰，方可见松的风骨。

在李庄的那段岁月，即使是走过的人再回头看，也是触目惊心。战时的危机四伏，小镇的恶劣气候，通胀的经济条件，肺痨的久病不愈……如此种种，无一不是致命的。

总算是上天眷顾，她并没有被病魔打倒，可是随后接二连三的打击却是更加撕人心肺的。先是他们在昆明的那些弟弟们，那几个可爱的空军小伙子，随着战事的加紧，又因为政府和敌军的战斗设备相差实在悬殊，他们接二连三地在战斗中牺牲了。这些年轻人没有一个是在地面死去，有些死的十分壮烈。他们的家在敌占区，阵亡后遗物便统统寄到梁家来。每一次收到这些东西，对徽因便增加了一分打击，泪流不止如同死过一次……最后一个人的东西捎来时，她哭的泪水都干了。

她从来都不是软弱的女性，如此悲恸自是因为她早就将这些患难与共的大男孩儿当做了自己的家人，亲弟弟一般。可是谁能想到，这样的打击对她来说，还并不是最痛苦的。

1941 年，徽因那向来聪明而要强的异母弟弟林恒，在一次空中作战中失去了年轻的生命。思成给友人的信中，用颤抖的笔触描绘了他知道这一噩耗的详细信息，写出他如何知道“小弟弟林恒”牺牲的消息。在给慰梅的信中写道：“3 月 14 日（1941 年），她的，就是我们在北总布胡同时叫三爷的那个孩子，在成都上空的一次空战中牺牲了。我只好到成都去给他料理后事，直到 4 月 14 日才到家，我发现徽因的病比她在信里告诉我的要厉害得多。尽管是在病中，她勇敢地面对了这一悲惨的消息。”

在同一个信封里有徽因的一个字条：“我的小弟弟，他是一个出色的飞行员，在一次空战中，在击落一架日寇飞机以后，可怜的孩子，自己也被击中头部而坠落牺牲了。”

梁从诫在提及这件事时，回忆的更加细致：“那一次，由于后方防空警戒系统的无能，大批日机已经飞临成都上空，我方仅有的几架驱逐机才得到命令，仓促起飞迎战，却已经迟了。三舅（林恒）的座机刚刚离开跑道，没有拉起来就被敌人居高临下地击落在离跑道尽头只有几百米的地方。他甚至没有来得及参加一次像样的战斗，就献出了自己年轻的生命。”

无论事实的真相是什么样的，这件事造成的打击对徽因来说无疑是悲恸欲绝的。思成知道这一点，所以并没有立刻告诉徽因，而是自己去成都处理了林恒的后事，可是纸包不住火，病榻上的徽因得知这个消息的时候，虽然坚强仍悲痛欲绝。

她的生命中总是有人离开，十几岁便失去了疼爱她的父亲，二十几岁又失去了半师半友的徐志摩，可是那个时候，她的身边有无数的人扶持她、鼓励她，带她走出阴霾。可是在李庄的她，本身已经摇摇欲坠，亲友又天各一方，难得能得到一星半点儿的消息就是最好的安慰，但传来的又总是失去他们的噩耗。这对她来说，就是心头一刀一刀地割肉。

在这样的情况下，她写出了《哭三弟恒——三十年空战阵亡》。这诗绝不是写给林恒一人的，她的心里涌动的几乎喷薄的悲怆和愤怒是为了那么多在战争中死去的年轻战士。这首诗和她平时的作品风格完全不同，几乎可以看做是咬着牙含着泪完成的，没有过多的修饰和修辞，没有华丽的辞藻和抒情，一字一句都是血，一点一滴都是情。

弟弟
我没有适合时代的语言
来哀悼你的死
它是时代向你的要求
简单的，你给了
这冷酷简单的壮烈是时代的诗

这沉默的光荣是你

假使在这不可免的真实上
多给了悲哀，我想呼喊
那是——你自己也明了——
因为你走得太早
太早了，弟弟，难为你的勇敢
机械的落伍，你的机会太惨

三年了，你阵亡在成都上空
这三年的时间所做成的不同
如果我向你说来，你别悲伤
因为多半不是我们老国
而是他人在时代中辗动
我们灵魂流血，炸成了窟窿

我们已有了盟友、物资同军火
正是你所曾经希望过
我记得
记得当时我怎样同你
讨论又讨论，点算又点算
每一天你是那样耐性的等着
每天却空的过去，慢得像骆驼

现在驱逐机已非当日你最想望

驾驶的“老鹰式七五”那样——
那样笨，那样慢，啊，弟弟不要伤心
你已做到你们所能做的
别说是谁误了你，是时代无法衡量
中国还要上前，黑夜在等天亮

弟弟，我已用这许多不美丽言语
算是诗来追悼你
要相信我的心多苦，喉咙多哑
你永不会回来了，我知道
青年的热血做了科学的代替
中国的悲怆永沉在我的心底

啊，你别难过，难过了我给不出安慰
我曾每日那样想过了几回
你已给了你所有的，同你去的弟兄
也是一样，献出你们的生命
已有的年轻一切；将来还有的机会
可能的壮年工作，老年的智慧

可能的情爱，家庭，儿女，及那所有
生的权利，喜悦；及生的纠纷
你们给的真多，都为了谁？你相信
今后中国多少人的幸福要在
你的前头，比自己要紧；那不朽

中国的历史，还需要在世上永久

你相信，你也做了，最后一切你交出
我既完全明白，为何我还为着你哭
只因你是个孩子却没有留什么给自己
小时我盼着你的幸福，战时你的安全
今天你没有儿女牵挂需要抚恤同安慰
而万千国人像已忘掉，你死是为了谁

我没有办法想象，这个多病的憔悴的姐姐是怎样抚摸着她年轻的弟弟的照片，就像抚摸着他英俊的脸庞；她深深地知道，这个年轻的小伙子再不能像以前那样推开房门，大步迈进房间叫她“姐姐”；她再也不能微笑着，看着这个还带着孩子气的大男孩儿和她的一双儿女笑闹成一团；她再也不能将自己的头依靠在他稚嫩的肩膀上，听他愤然地抱怨政府的无能，听他向往地说要驾驶最好的飞机，将所有胆敢侵犯他国家的敌人全部赶回老家……不能了，再也不能了。

连同那些空军学员们、连同那些鲜活的面孔全部消失在战争的巨大阴影中。只是帮他们扶正帽子，抚平领口的褶皱；只是抚摸他们年轻的脸庞，擦去他们脸上的灰尘和汗水；只是握住他们干燥而温暖的手，一遍遍叮嘱他们战场上多加小心；只是看着他们的一个微笑一个表情，听他们对她最后一次告别……这样卑微的愿望，都再也不能实现了。他们还那样年轻，还没享受过恋爱的甜蜜和婚姻的幸福，还没有属于自己的孩子，他们的人生还没到一半就戛然而止了……哪怕是在梦中，他们的眉眼间都多了一丝沉静和凄凉，而被阳光唤醒的一刻又是她新一轮悲伤的开始。

悲伤仿佛是没有止境的，亲人逐个逝去的悲痛还没能平复，另一个噩耗又传来——他们存在天津英租界英资银行保险库地下室的数以千计的资料、文献和照片底片，毁于1939年天津的一场大水。这个消息两年后才传到他们耳中，对于他们无疑是另一个晴天霹雳。

经过天津、昆明的颠沛流离，他们行李中值钱的东西丢的丢、卖的卖，已经所剩无几了。但是那些随身携带的资料副本和照片，加上一些文字材料，却被他们当做比眼睛还珍贵的东西，妥善地保存着。尽管客观条件如此艰苦，尽管这些材料同之前的相比已经很少，可是它们如同星星之火，点亮了徽因心中希望的火炬。

同为一个女子，我无法想象在那样折磨人的环境下，柔弱的肩膀要怎样承担起那么多的悲痛，海一样的悲哀一浪高过一浪地袭来，漫过了那孱弱的身影。可她的心却如同蚌壳内的沙砾，在琢磨下绽放出更美的珠光。

路远歌未央，徽因对思成提议，以现有的材料为基础，完成他们早就有心完成的鸿篇巨著:《中国建筑史》。

病床上的徽因无法同思成一起参加野外调查，心急如焚的她支撑着熟读了《二十四史》和海量的文献，包括宋、辽部分的材料收集和执笔都是她亲自完成的。她的肉体有多虚弱、多么为疾病所累，她的精神就有多强大，思绪就有多辽阔、自由的发挥空间。老金又怜又骄傲地说:“她是全身都浸泡在汉朝里了，不管提及任何事物，她都会立刻扯到那个遥远的朝代去，而靠她自己是永远回不来的。”每一页成形的书稿都有她的校阅，每一行欠妥的话语都有她的补充。

没有桌椅，思成同几个患难与共的同事，请当地的木匠为他们打了几张简陋的白木头绘画桌；没有系统的资料，他们将战前的调查成果细细分类整理，形成可用的成熟材料；没有更好的工具，一台老旧的打字机在震天响的噼啪打字声中开始了工作……思成的颈椎灰质化病越发恶化了，可他既没钱也没有精力去顾及，案上随时放着的一个小花瓶，在他饱受折磨的时候起到了支撑颈部的作用。

大量的英汉对照注释的精美插图在这个四面透风的农舍中被绘成；数不清的典籍和资料在这个四壁空空的破屋中被熟记应用；徽因稍微能坐起身子，就开展起润色书稿的工作，土纸写成的原稿上，她的清秀的字虽然笔画还是颤抖，但是每一个都力透纸背。费正清这个国际友人也不能不为这样艰苦条件下的奋斗所感动："二次大战中，我们又在中国的西部重逢，他们都已成了半残的病人，却仍在不顾一切地在极端艰苦的条件下致力于学术。在我们的心目中，他们是不畏困难、献身科学的崇高典范。……他们不仅具有极高的学术水平，而且还有崇高的品德修养。"

这部建筑学的神曲就是在这样的情况下呕心沥血地完成了，这是徽因在冷风凄雨面前做出的最有力回应，这是一个女人在频频遭受磨难后焕发的最耀眼光彩！

「 第四节 」

久别重逢，守候相聚

战争初始，思成和徽因本有机会追求更好的物质条件——日本人伸过来的“橄榄枝”，虽然充满了虚伪和恶心的讨好，至少能保证健康平稳地继续学术研究。可是他们连犹豫都没有，鄙夷地躲开了那诱惑的黑爪，以平安的生活和健康的身体为代价。

战争中期，他们也是有机会离开这片贫瘠的土地的——费正清夫妇了解他们在李庄的健康情况和窘迫状况后，多次劝他们去美国治疗、生活。他们都是婉言谢绝：“我们的祖国正在灾难中，我们不能离开她，假如我们必须死在刺刀或炸弹下，我们要死在祖国的土地上。”他们在用行动诠释着艾青的那首诗——假如我是一只鸟，我也应该用嘶哑的喉咙歌唱：这被暴风雨所打击着的土地，这永远汹涌着我们的悲愤的河流，这无止息地吹刮着的激怒的风，和那来自林间的无比温柔的黎明……——然后我死了，连羽毛也腐烂在土地里面。

最最困窘的时候，日军已经深入祖国的腹心，攻取贵州直逼重庆，她每天以虚弱的身体高声朗读着“王师北定中原日，家祭无忘告乃翁”，和“塞外忽闻收蓟北，漫卷诗书喜欲狂”，以从古人那里汲取的勇气和信心鼓舞着身边的朋友和孩子。儿子从诫后来问她，如果当时日本人真的打进四川，他们打算怎么办？她柔和而坚定地说：“中国念书人总还有一条后路嘛，我们家门口不就是扬子江吗？”古有文天祥，今有陈天华。中国的文人是宁死不屈的，是能够以自己的血唤醒蒙昧的世人的。林徽因虽为女子，内里却绝对有中国读书人的傲骨！

不论如何，最最艰难的日子已经过去，1945年8月15日，是全中国人民永远不能忘怀的日子。胜利的号角吹响，全国都沸腾了，希望的曙光冲破重重黑夜，照到了每个人心底——是太阳要升起来了吗？是苦日子要到头了吗？此时的徽因独自躺在李庄那行军床上，等待着重庆办事的思成归来——八年抗日战争结束了！

另一个好消息接踵而至了，仿佛要一次性将之前欠下的全部补给她。慰梅来了！她和思成一同回到李庄，久未见面的两个闺蜜有无数的话要对对方说。对徽因来说，这只是一次和千里之外的老友的久别重逢，而对于慰梅来说，她得以在战争的血雨腥风后重见这个亲历战乱的女友，得以在病魔的淫威肆虐后再会这个鬼门关上走过一遭的知己，得以抚摸她病中苍白的脸庞，得以聆听她温和的声音……这些，都是失而复得的美好。

慰梅将她带到了重庆，徽因五年来第一次离开她破旧的小屋，呼吸到了自由而甜美的外面空气。尽管身体并不允许，可是她如此热爱倚坐在茶馆静静地看着外面喧闹的世界，看着沐浴在阳光下的人间百态。她的儿女都已经长大，儿子英姿飒爽，颇有一股子英气，女儿梁再冰婷婷玉立，就像是当年的她。她一直以来绷紧的弦突然得以放松，心灵得到了前所未有的平和。

慰梅的出现带给徽因的不止是自由的空气，她请了一个当时很著名的美国胸外科医生里奥·埃娄塞尔博士为徽因做了检查，详细地询问了她的病史后，医生善意地对徽因隐瞒了实情，却不得不把那个悲伤的事实讲给慰梅——这个东方美人的两肺和一个肾都已感染，残破的身体几乎达到了极限，最多五年就会香消玉殒。

这些话如同当头一棒，慰梅几乎不能接受这个悲讯——徽因吃了那么多苦，受了那么多罪，等了那么长时间，终于守得云开见月明了，却迎来了这样的黯然。

慰梅什么也没告诉徽因，她也并没有问。许是从慰梅强颜欢笑的眉梢眼角看出来什么，许是从慰梅欲盖弥彰的笑声中听出了什么，许是从医生的欲言又止中感受到了什么……甚至什么都不用，长久以来的身体状况和病痛的折磨，让她对自己的健康状况没做更好的打算。慰梅后来说，我没有告诉她，她也没有问。我想她全知道。

可是她仍然没有像一个普通的病人那样沉寂在忧郁当中，她依然每天都写作、构思，或者是些美妙的诗句，或者是关于建筑或汉代历史的论文，她甚至还打算再写一本小说。

所有的文人都有个陶渊明式的愿望——“结庐在人境，而无车马喧。”“采菊东篱下，悠然见南山。”每个文人心中，都有自己的一个对于住所的愿望，满载着所有的浪漫梦想，并不一定非常华丽，可是一定“惟吾德馨”。因此，才会有海子的“我有一个房子，面朝大海，春暖花开”，才会有李乐薇的烟雾之中、星点之下、月影之侧的“我的空中楼阁”。

浪漫如徽因，自然也有这样的梦想，而老金和她的一众朋友，就是这个女子的圆梦人。

老金知道徽因的病情后，担心之余一直在找合适的疗养住所，希望能接徽因到昆明养病。功夫不负有心人，张奚若家附近正有这样一个小宅院，就在军阀唐继尧祖居的后山上，足够大的窗子将阳光纷纷请进房间坐满，桉树千般袅娜的枝条共着万般旖旎的花朵在园中翩翩起舞，忽明忽暗的天空使得云蒸霞蔚的小园增添了一丝神秘，最重要的是，那里有很多徽因的老友和知音——这里，就是徽因的梦幻城堡。

朋友们的纷纷造访使徽因的喜悦溢于言表，她说："只有到现在我才体会到古代唐宋诗人的欢乐，他们都缺少旅行的手段，但在他们的贬黜途中却忽然在小客栈里或是在小船上或是在有僧侣做住持的庙里，不管是什么地方吧，和故人不期而遇。这种倾心的谈话是多么动人！"

高原反应使得她的身体负担更大，说话稍微多一点就会好像跑了好多山路一般气急不已，使得喜欢"谈话"的她在众人的限制下不得不三缄其口，她在信中向慰梅委屈抱怨着，如同得不到糖吃的孩子。

但是无论如何，能使徽因更快乐一些，所有人便多了一份安心。

多少年前，伦敦的细雨中，徽因也是一个人坐在窗前，满心都是身在异地的忧郁和对未来的茫然，那时的她还不懂得孤独的味道，年幼的少女面对无边的雨帘，无聊的只觉得想哭。

谁能料到，几十年后的她依然一个人在窗前看雨，经过了光阴磨砺，她的心境也更加成熟稳重，少女成长为睿智的妇人，原本不谙世事的眼睛看破了世间沧海桑田的变换，原本光洁平滑的额头被岁月的手画上了一道道细纹。她已经能够从原本苍凉的雨中细品出寂寞的韵味，她是如此珍惜每一刻余下的时光。

她这样对慰梅描绘昆明的雨景：“不管是晴天或者下雨，昆明永远是那样的美丽。我窗外的景色在大雷雨之前或紧接它之后特别优美。大雨下来时我房间里的气氛之浪漫简直无法形容——当一个人独处在静静的大花园中的寂寞房子里时，忽然天空和大地一齐都黑了下来。这是一个人一辈子都忘不了的。”

一直默默守在她身边的老金依然同往常一样，住在她隔壁的房间。白天，徽因在窗边构思她的诗歌和文章时，他就在书桌上伏案写《知识论》，他的几十万字的原稿在昆明的时候丢失了，他不得不重新撰写。可是只要他在，即便他不说什么，徽因也能感受到一种心底的放松。

况且窗外的阳光那么明媚，窗外的花朵那么娇艳，她的梦幻城堡在小山的簇拥下，让她心情如此畅快——这时的她看到的一切都是美好的。花园，多好！朋友，多好！活着，多好！

“一切最美好的东西都到花园周围来值班，那明亮的蓝天，峭壁下和小山外的一切……这是我搬进新房子的第10天。房间这么宽敞，窗户这么大，它具有戈登·克莱格早期舞台设计的效果。就是下午的阳光也好像按照他的指令以一种梦幻般的方式射进窗户来，由外面摇动的桉树枝条把缓缓移动的影子泼到天花板上来！”

这时的阳光那样好，直接照进心底的阴霾处。之前在逃亡路上的一切艰辛，在李庄遭受的所有苦难，都像是山顶的厚厚积雪，本以为总也不会消融，可是自由的阳光一旦洒满大地，那一切往事都烟消云散，仿佛再没有一点存在过的痕迹……至少，人们的脸上，再看不见愁苦的颜色了。

可是徽因心底偶尔还会想到那千里之外的“太太客厅”，经过了日本人铁蹄的践踏和炮火的洗礼，北平是否还像往日那样美丽？香山的枫叶有没有变红？地坛的园中有没有被落叶铺满？太庙里，思成爬过的那棵古松，是否依然将绿荫洒向大地……

这一年的七月，徽因和思成带着全家人，乘飞机回到了久违的北平。

第八卷

万古流芳，相别红尘路

「 第一节 」

年轻如酒，甘洌芬芳

离开的时候并没想到，居然会在外漂泊了这么久才回来。当时一起离去的人，有的经受不住旅途的颠簸，被病魔和死神带去了极乐世界；有的受不了流离的苦楚，逃到了国外或干脆投降；也有一些人为了保卫祖国，保卫这片美丽的土地，将生命留在了战场，永远不会再回来了……

战火蔓延过的京中，秋的绚丽衣衫也无法掩去那满目的疮痍，但无论如何，能够回到温暖的家中，真好。

伤了元气的老城和她一样伤痕累累，却也和她一样，尽情享受这和暖阳光的沐浴。面对未来，她们同样有着极大的希望和热情。

她早已不再年轻。若说二十岁的少女是井水，清爽中带着沁人心脾的甘冽；三十岁的女子是甜酒，温和中掺杂着厚重的辛辣；四十岁的妇人是清茗，蕴含了人生百般苦涩，却仍能体味一丝回甘。

现在的徽因就是香醇的咖啡，经历过风吹日晒和雨水的倾注，经历了岁月的烘焙和碾磨，在年轮的小火上熬煮过后，终于凝成那小小的一杯，一眼忘不见底却暖手暖心。舌尖的一点当然是苦的，那么多的磨难给了它太过丰富的内涵，酸甜苦辣汇在一起终于只剩下苦；可是那苦咽下之后，留下了无穷的回味，使人精神为之一振——这，就是她现在的状态了。

她依然那么年轻——从精神上来说，她还是那个不知餍足的种子，渴求着知识的滋润和供给。就是有这样的人，你可以夺去她嘴边的面包，泼掉她杯中的清水，甚至扯碎她怀中的玫瑰……可是你不能将她面前的书本抢走，因为那是她生命的源泉。

她依然孜孜不倦地学习，仿佛知道自己时日不多，要将所有未知的学问统统塞进脑中；她依然勤勤恳恳地研究，仿佛她还有无尽的生命，不多补充一些能量就无法支撑后面的旅程。她不仅自己学习，更将这种吸取和积累的知识在内里发酵，然后将甘冽的美酒分给世人。

他们在战时所做的种种努力，都在这时得到了回报。战争的结束就像一道泉水从天而降，洗去了之前的厚厚尘埃，之后人们终于发现在阳光的照耀下，尘埃下面原来是这样闪烁的钻石。

思成一下子忙了起来，清华大学创办新的建筑系并任他为系主任，教育部还计划送他去美国，研究当代美国大学的建筑教学。耶鲁大学邀请他作为客座教授到纽黑文去教中国艺术和建筑，普林斯顿大学则希望他参加“远东文化与社会”国际研讨会的领导工作。分身乏术的思成既无法推脱身上的责任，也不愿放弃接触更高一层学问的机会。他的迷人的病妻，又一次给予了他最大的支持。

她鼓励思成去美国，建筑系的创建任务便落在了她和他的几个同事、学生身上，她凭着在沈阳时创办东北大学建筑系的基础和经验，将清华的建筑系弄得风生水起，每一件小事都井井有条。

在床上的她除了不能自由走动，其他的精神面貌都同健康人一样。尽管常常有人来拜访她，向她求助些学术上的问题，可是没有人能看到她焕发神采的背后是什么样的病弱。年轻的学生和老师们沉醉在她广阔无垠的想象中，她因为久咳略带一丝沙哑的柔和声音引领他们走向那学术高塔的更高一阶。不止建筑系的师生，北大、清华很多文学和外语方面的人才也都慕名而来，她也十分欢迎这些有着新鲜思想的小友，在文字的世界中，她轻灵的思绪飞得更远，古往今来，中外东西，无所不谈，无所不包。那浪漫的灵魂挣脱了肉体的牵绊，尽情地畅游在文学的海洋。

可是夜里，白日的喧嚣都沉淀下来，只剩下月光怜惜地抚摸她病弱的肩膀。她强打起的精神在这寂寥中统统散去，咳喘和咯痰纠缠着不让她进入梦乡。半夜里一次次地吃药，一次次地喝水，没有人能为她分担哪怕一点点的痛楚，没有人能带她走出那看不到尽头的迷障。在这个世界里，她只能孤身一人披荆斩棘，唯有窗外的月亮能看到这一切，发出悠长又苍凉的叹息。

细菌已经侵入了她的肾脏，早在重庆的时候她就被宣判了死刑的缓期，而现在已经超过了当时医生下的五年判决。仿佛要同死神夺来多一点的时间和生命，她不停地燃烧着自己最后的能量。她大量地看书，大量地写作，大量地接待客人，超负荷的运转使她的身体如同破旧的机器，每日每夜都能感受到它的不堪重负带给她的折磨。

所有的结局都已写好，所有的泪水也都已起程。虽然早就知道每个人都会有那样的时刻，可是真正面对的时候又有几个人能够从从容容、矜贵体面地走向那千万年来人类的未知？

被推进手术室的前几天，医生还在犹豫到底要不要对她进行手术——那么脆弱纤细的躯体，仿佛轻轻一碰就要碎掉，而人世间又没有什么能够将这只应天上有的仙子复原。她的身体一直以来低烧和引起并发症的痨病舔舐着她生命的最后一汪泉水。在这两难的境地下，她的朋友们全部悬着一颗心。他们什么也不说，可是不自主的更频繁地来到她的病床前，他们不敢开口，生怕哽咽的情绪从语句中泄露出来，徒增她的忧愁。

坚强若斯，使人心疼。面对那样未知的前景，她没有梨花带雨地惹人为她烦忧，反而以她的乐观感染着身边的人。她对别人形容这次性命攸关的手术反而是轻轻带过，说只是类似建筑学上的修修补补，如同补几处漏项和安几扇纱窗，并不碍事的。

她甚至用最轻松的口吻向她一生中最好的闺蜜道别："再见，我最亲爱的慰梅。要是你忽然间降临，送给我一束鲜花，还带来一大套废话和欢笑该有多好。"这封强颜欢笑的诀别信寄到慰梅手中时，这个美国的姐妹是怎样努力才不让泪水打透了信纸。

可是外表伪装的再好，徽因也无法真正洒脱地对她深爱的世界说句再见。她把所有的泪水都咽了下去，于是她心底所出的诗句就纷纷缀满了沉甸甸的忧伤：

当我去了，还有没说完的话，
好像客人去后杯里留下的茶；
说的时候，同喝的机会，都已错过，
主客黯然，可不必再去惋惜它。
如果有点感伤，你把脸掉向窗外，

落日将尽时，西天上，总还留有晚霞。
一切小小的留恋算不得罪过，
将尽未尽的衷曲也是常情。
你原谅我有一堆心绪上的闪躲，
黄昏时承认的，否认等不到天明；
有些话自己也还不曾说透，
他人的了解是来自直觉的会心。
当我去了，还有没说完的话，
像钟敲过后，时间在悬空里暂挂，
你有理由等待更美好的继续；
对忽然的终止，你有理由惧怕。
但原谅吧，我的话语永远不能完全，
亘古到今情感的矛盾做成了嘶哑。

当我去了，当我去了！这可以看做是遗书一样的诗句中浸满了遗憾和惋惜，她还那么年轻，还有那么多话要说，还有那么多未竟的事业……她还在安慰别人，用自己强做出的笑颜，她说："如果有点感伤，你把脸掉向窗外……总还留有晚霞。"她自己可以直面的死亡，却不想爱她的人看到而伤感；她可以独自面对乌云密布，却希望其他人眼中尽看到美丽的霞光。

她不是没有情绪，也不是不害怕："一切小小的留恋算不得罪过，将尽未尽的衷曲也是常情。你原谅我有一堆心绪上的闪躲……"她为这对世界的留恋向他人道歉，她为自己的不够坚强祈求他人的原谅——徽因，你是有多么让人心疼。柔软的你如疾风中的花朵不堪一击，却仍将自己的花瓣展开点缀世间，没有人会责怪你偶尔的不坚强，你却要你完美的形象作为你可能是最后的剪影。

冥冥之中真的有神保佑吧，神听见了那无数人发自心底的祈祷，虽然她的健康已经被永久地剥夺了，虽然伤口的迟迟不愈合给医生出了一道难题，但她的手术奇迹般地成功了。

这不仅是上天对她的垂怜，更是对其他人的恩赐。若是那时就将她带走，我们如何看到她后来的辉煌。

「 第二节 」

岁月静好，安然若素

1948 年 3 月 31 日，思成和徽因在清华园的家中举办了他们的结婚 20 周年庆祝会，那一天，和煦的阳光饱含着烂漫的气息，舒畅、漫长。茶的清香和点心刚出炉的甜味交织在一起，弥漫在略有些清冷的春日，为空气增添几分温暖。

那是多么美丽的日子啊，仿佛一切都刚刚开始——并没有遭受过风刀霜剑严相逼，小树才刚冒出绿芽；并没有经历一朝春尽红颜老，花苞始绽开花瓣；并没有碰上江上东风浪接天，小船初次扬起白帆；并没有“物是人非事事休”，少女刚邂逅她的有情郎——所有的恐慌和不安都只是一场恶梦，梦醒了之后窗外依然是婉转的鸟啼和醉人的晨光。

是的，本就应该如此。这样的和平和舒适让人难以记得、也无需记得往日的痛苦经历，所有的来宾都沉浸在幸福的气息和徽因即兴演讲的精彩中，这样的欢乐海洋，没有一个人脸上带有愁容。

不，还是有人在隐隐地担心。老金在为新郎和新娘的身体感到担忧——再多的快乐也无法改变的是，这对“新人”已经不是当初的金童玉女，即使看起来再年轻，光阴的磨砺也给了他们病痛的折磨。思成依然那么瘦，又在清华担任着那么繁重的课程，“每天的生活就像电话总机一样——这么多的线都在他身上相交”。徽因的刀口裂开了差不多一英寸，只能用药物进行维持。老金恨不得能为她分担肉体的痛苦，却只能自责于自己的无计可施。

身体的健康状况还只是一方面，没过几个月，远方传来了消息，解放军大军即将压城了，这个消息仿佛一颗小小的水珠，却在当时文化界惶惶不安犹如油锅的众人心中激起了最大的反应。

思成和徽因都是在艺术的环境中长大的，建筑的领域那么广阔，诗歌的世界又那样精彩，他们对政治既没有兴趣也没有参与的热情。即使是在战争中遭受苦难，使得他们对政府的疲软无能有所愤慨，也并未产生进一步的想法和更激烈的情绪。他们爱国，坚定地不愿离开祖国故土，但是他们并非热爱之前的那个政权。对于一直只在传闻中听过的共产党，他们没有任何了解和想法。

北京城外，人民解放军已经厉兵秣马，只等机会成熟便马上冲进城来，国民党的飞机每日在头顶盘旋，家中时不时会闯进特务来“抓学匪、抓共产党”，思成还差一点在去学校的路上被炸弹炸裂的碎片所伤……但是他们都浑不在意。他们的全副心神，都系在满北京的各处古建筑上。

那些瑰丽的立体艺术品星罗棋布在这三千多年历史古城的各个角落——且不提故宫、长城、天坛和颐和园，单说那“一座恭王府，半部清朝史”的“月牙河绕宅如龙蟠，西山远望如虎踞”的府苑美景，那“先有潭柘寺，后有北京城”的“岩峦嶂开豁耳目，岚雾翠滴濡衣襟”的佛寺风光，那“翠竹黄花禅林空色相，宝幢珠珞梵宇妙庄严”的寿安山卧佛寺，那“风水”胜境，绝佳“吉壤”的“万年寿域”十三皇陵……

一想到这些已在人间存在了几百上千年的文化瑰宝，就要在他们这一代毁灭于隆隆炮火之下，他们的心如同在油锅中煎炸一般。不难理解：对于这两个将建筑学当做一生事业的人来说，亲眼目睹这一切无异于古人对“清泉濯足，花下晒裈，背山起楼，烧琴煮鹤，对花啜茶，松下喝道”的深恶痛绝。他们有多么为那些建筑未知的命运担心，就有多么痛恨自己的黔驴技穷。

1948年底，国民党当局终于再难装聋作哑。他们打着“在遇万一时，政府为保持民族文化，决定全力设法抢救”的旗号，要求北平各高等学校南迁。有人劝他们随当时的政府逃到台湾，可是他们不能下定决心。他们觉得那不仅是直接放弃了这些古建筑，更是放弃了一个中国文人的操守。他们说：“我们不做中国的‘白俄’。”

他们的选择是对的，共产党很快让他们知道了这一点。一天深夜，张奚若带着解放军政治部的负责人登门拜访，声称需要他们的“帮忙”。当他们知道需要帮什么忙时，几乎到了“喜欲狂”的程度。他们从没有这样感谢上天，感谢他们没有离开北京，感谢从天而降的求助对象。

这个军人给了他们一份地图，对他们说：早就听闻二位先生是建筑学界的专家。如今，我们的部队即将进入北京，为了以防万一，请二位务必在地图上为我们标出珍贵建筑和文物的地方……这些建筑是我国文化的瑰宝，我们即便流血牺牲，也会保护它们的。

摊开地图，他们不用翻阅资料，不用互相商讨，甚至不用多加思索——他们熟悉那些地名，如同母亲熟悉孩子身上每一寸肌肤、每一道纹理。唯一需要在意的，就是他们擦过仍然模糊的双眼和不断颤抖的双手。

至此，即使对他们并没有什么安全和物质的保证，即使未必能继续现在衣食无忧的生活，他们还是坚定了绝对不离开、拥护共产党的决心。

那名军人拿着标注了建筑的地图走的时候，再次向他们保证——只要解放军还在，这些地方就绝对不会受到损害！

15 日，解放军第十三兵团政治部在清华大学门口贴出了这样的告示：为布告事，查清华大学为中国北方高等学府之一，凡我军政民机关一切人员，均应本我党我军既定爱护与重视文化教育之方针，严加保护，不准滋扰，尚望学校当局及全体学生，照常进行教育，安心求学，维持学校秩序。特此布告，俾众周知！

1949 年初，盼望已久的和平终于来了——真的是盼望的太久了！

在举国为解放狂欢的时刻，术后恢复期的她本应好好放松一下，松弛下一直以来为了建筑学绷紧的弦。而且在很多人看来，她最应该扮演好的角色是妻子、母亲，尤其是在思成在学校担任了重要职务的现在。可是她的选择依然是不依附于她的丈夫——这对于一个女人来说，并不是一条平坦的路。

若有人问，一个人的一生应当致力于什么，答案自然五花八门——理想、事业、人类的解放……可若问一个女人的一生应当以什么为重，答案无非是：家庭。即使是在呼吁男女平等几十年的今天，人们对女人的赞誉不过是“一个成功男人的背后，一定有一个伟大的女人”，仿佛女人的所有成功就只是服侍好自己的丈夫。“未嫁从父、既嫁从夫、夫死从子”仿佛女子的一个紧箍咒，谁想脱下那铁环便是大逆不道，便是冒天下之大不韪，便无法称之为好女子。

所以，满心都是建筑学知识的她，思绪充满动人诗句的她，因为忙于事业不得不对孩子抱有歉意的她，无法成为人心中贤妻良母的她，就理应不为一些人所容。

更何况她又有那样一副绝色容颜，就像是给诸多的嫉恨树了一个靶心——对于这些，她自己也未必毫无自觉。可是如此痴迷于美好事物的她，怎能容忍有一刻钟的时间不走在追寻美好的路上，怎能容忍自己的外在有一丝不完美。

徽因的身体较之手术前有所好转，不过她的精神力迸发出更大的火花：她被任命为清华大学建筑系一级教授，有了更多直面学生的机会。这个阶段，她的时间很大一部分奉献给了教育，即使是体力不支、难以亲自去教室上课的时候，她也会把学生召集到病房来继续课程。

她的学生们都很难忘记，那小小的白色的病房就是他们接受知识阳光沐浴的殿堂，那斜倚在病床上的美丽教师尽管面容憔悴，但那端庄秀丽的眉眼间透露出的睿智的光芒，以及她磁性沙哑的娓娓道来给他们展现的新奇宏伟的建筑学世界，使他们忘记了她的病容，只觉得这是世上最好的领路人。

没有课的时候，她也不给自己休息的闲暇。百万大军挥师南下，全国各地的文物和建筑是她和思成的心头肉。他们利用起每一分钟时间，用了不到四个月编印出了《全国重要文物建筑简目》。这是中国现代最早记载全国重要古建筑目录的专书，书中详细介绍了全国各地 465 处文物建筑，每一处的所在地、文物性质种类、文物的创建或重修年代以及文物的价值和特殊意义都记载得清楚详细，而且他们将文物建筑按照重要程度分出四个等级，用画圈的形式来标出重要程度，越重要的圈数就越多……这样的细致作业，使得外行人也能一目了然，查阅极其方便。

如此做法的目的是让解放军作战和接管的时候能够最大限度地保护好文物建筑，谁知这种分级对待的原则竟为后来文物分级管理办法提供了思路。这个脑海中总有灵感的精灵，常会在不经意间带给人间惊喜。

这个世界就是这样多变，可是她不愿意低头。人活着，就是因为有一份信念在支撑，心里有了依托，有了依靠，才可以维系那份思想和感情。

她的能力为世人所认可，于是工作接踵而至，仿佛永远也做不完，这倒正对了她的胃口——秋天降至的时候，政协筹委会交给了清华大学一个重要的任务，校方将这个任务交给了她和其他几个同志，让他们为即将成立的中华人民共和国设计国徽。46 岁的她风采不减当年，他们清华小组的设计以布局严谨、构图庄重而中选。之后，她又受邀参加政协会议，被任命为北京市都市计划委员会委员兼工程师，甚至拖着病体为景泰蓝传统工艺设计了一批具有民族特色的图案……

更值得一提的是，人民英雄纪念碑的设计也有她的一份。只要想到在战争中牺牲的千万烈士，想到她那些年轻的飞行员小友，想到她的林恒小弟弟，她的灵感就会战胜几乎不堪重负的身体，源源不断地涌出来。

她做了那么多事情，在她身体一天比一天差的时候，她的创意和构思却仿佛永无止境……她是真心热爱这个保护了她心爱建筑的新政府，真心相信这个国家会与从前不同。所以，她愿意把她的所有，都在离去之前奉献出来，就像热爱光明的蜡烛要燃至最后一刻。

是的，所有人都能亲眼看到，尽管物质条件不如从前，尽管她每日都有那样多的工作，可是她自愿地像一只陀螺一样不停地旋转，旋转在这和平而忙碌的舞台，实现她自己的最大价值——她热爱这样的生活。

阳光温柔，岁月静好。一朵白莲，盛开在盈盈水间。本以为会一直这样，微风徐来，水波不兴。怎奈世事难料，转瞬间风乍起，吹皱一池春水。

「第三节」

流年已逝，伊人不再

思成和徽因热爱这个国家和政权，可是他们不热爱政治。他们的全副心神，都在建筑和艺术上，自然没有多余的精力参与权术之争，也不会八面玲珑地“识时务者为俊杰”。在他们眼中，做好自己本职的事情，阻止别人可能发生的错误是理所应当的。这本没有错，谁知竟成那个年代人们犯下荒唐错误的契机。

共产党对文物的保护，使得这两个知识分子认为终于遇到了最正确的知音，可是之后的一系列事情，竟使得他们痛苦得无法自拔。

徽因热爱建筑，是因为她对建筑的钟情，就像她对文字钟情，对世间万物钟情一样。

先是思成在担任北京都市计划委员会的副主任后提出的几条建议被否决，他和徽因都觉得，北京市应当是政治和文化中心，而不是工业中心。因此，必须阻止工业发展，不然将导致交通堵塞、环境污染、人口剧增和住房短缺。而且，毋庸置疑的，要严格保护紫禁城，在老城墙里面的建筑物要限制在两层到三层，并且应该将政府行政中心在城西建造。

这样的提议从建筑的角度看自然十分科学合理，可是并不是刚刚解放中国的党中央最愿意看到的。他们希望北京工业发达，政府就在市中心，被高楼大厦所围绕。徽因在其中所受到的打击我们可以想见，这个她和思成一步一步深入研究它的美的古城，在当时大量苏联专家的建议下，不知要被毁改成什么样。

不久，高层中竟传出要拆除北京城墙的消息，这对于她的打击无异于一个亲人从身边离去。思成这时也得了肺病，可他坚持赶写出《关于北京城墙存废问题的讨论》，他深入浅出地讲述了城墙不能拆除的道理，甚至苦口婆心地写道："城墙并不阻碍城市的发展，而且把它保留着与发展北京为现代城市不但没有抵触，反而有利。如果发展它的现代作用，它的存在会丰富北京城人民大众的生活，将久远地为我们可贵的环境。这样由它的物质的特殊和珍贵，形体的朴实雄壮，反映到我们感觉上来，它会丰富我们对北京的喜爱，增强我们民族精神的饱满。"

人的一生要有许多经历，尝遍人间冷暖才知道世界是什么样子，她也如此。

最让徽因和思成心中不能接受的是，数千年历史的城墙没有毁于战争，反而要在和平时期被他们热爱的党拆毁，这是多么的荒唐！可是思成的语重心长不但没有打动决策者，更让他与当时的北京副市长吴晗产生了争执，被吴晗称为"老保守"。

同思成一贯的温和不同，徽因在一次文化部组织的欧美同学聚餐会上，面对着吴晗声泪俱下地谴责道："你们今天拆的是真古董，总有一天你们会后悔，到那时你们再盖，盖的就是假古董了！”当时的她已经病入膏肓，嗓音沙哑到几近失声，可是在场的人们无不为她的勇气和激情所打动，可是也多爱莫能助。

当北京外城城墙、城门、牌楼陆续被拆除之后，思成和徽因痛心疾首，多次落泪。

日军侵略时，她战胜了流离失所的苦楚；一路逃难时，她扛下了家庭的重担；深陷李庄时，她战胜了强大的病魔……可是面对心爱的建筑被毁，亲眼面对美好的事物被践踏却无法阻拦时，她终于倒下了。

她的病情一直不稳定，自抗战以来，她的身体就再也没有恢复过完全的健康。北京城改建事件对她的冲击实在太大，甚至有说法说她拒食药物进行抗议……无论如何，这朵白莲的生命力以人眼能看到的速度迅速流失了。她的病情急剧恶化，身体不允许她再做任何工作，尽管她的思想依然活跃，可是身体已经瘦得脱了人形。每天每夜，她都在虚弱地咳着，没有一刻安宁和休息。

一直照顾她的思成也病倒了，她的“专属护士和心理医生”就住在她旁边的病房。能够下地时，他便默默地来到隔壁，看着他虚弱的无法说话的病妻，他们唯一的交流方式就是眼神。她还没有活够，还有那么多的知识等待她去挖掘，还有那么多美等待她去欣赏……可是就要离开，她心里有多少不甘；他还没有爱够，她的眉、她的眼，她的一颦一笑，她在滔滔不绝时迸现的智慧的火花，她在伏案研究时如观音佛像般沉静优美的脸庞……

林徽因在安静的病房里梦到下雨了，那场大雨把一切都浇没了，醒来后她哭了。

三月三十一日的深夜，黑云层层叠叠地蔓延在整个天空，月亮和星星的影子都无法穿过那厚厚的云层，那云仿佛压在人心头，让人喘不过来气。她突然好像身体状况好转了一些，竟然能发出声音对护士说话。她说，我要见一见思成。

我要见一见思成，我还有许多话要对他说，我要感谢他这么多年来对我的包容，我要感谢他对我和其他人的信任，我要再和他说说我那本未完成的书的思路，我要嘱咐他，他的那一个观点似乎有些错误，我要告诉他写某本书时遇到的瓶颈要如何克服，我要告诉他我的书稿都在哪里，如何收集成册，我要他照顾好从诫和再冰，我要他给再冰找个好婆家，给从诫相个好姑娘，我要他转告老金和慰梅不要为我悲伤，我要他自己也不要经常想我，我想让他在我离开之后再找一个不错的姑娘陪伴他，再找的时候一定不要找我这样一心扑在事业上的，找个贤妻良母和他好好过完接下来的半生……她的满腹交待，都等着思成的到来好一吐为快。

可是护士只是回答：夜深了，有什么事情明天说吧。

可是她太虚弱了，她已经等不到明天。天才刚刚泛起些亮光，她并没有惊动任何人，悄悄地离开了她爱了五十一年的世界。她看到，父亲林长民和徐志摩在不远的前方向她招手。

她笑了。

「 第四节 」

长路未央，人已作别

红颜多薄命，自古以来便是如此。

肺痨的魔影曾经笼罩过多少仙姿玉貌的佳人，我们已经数不清。

那病魔曾扼住黛玉纤细的颈，给她苍白的脸上涂上血样的胭脂，让她纤细的身子更加弱不禁风，夺去了她和宝哥哥的一切姻缘及可能；那病魔曾碾碎玛格丽特鬓上的茶花，让她咳出的鲜血染红了飞舞的裙边，使她不盈一握的腰肢更加触之欲折，剪断了她和阿尔芒的绵绵情丝；而今，这魔爪又伸向了徽因，似乎不将这朵洁白的莲用血色沾染浸透，就不能满足他的肆虐欲望。

她知道自己得的是什么病，聪慧如她，怎会真的被蒙蔽在朋友和爱人的笑脸中。

直面死亡的机会，很多人都有过。以泪洗面者有之，忏悔不安者有之，肆意妄为者有之，游戏人生者有之……恬静若斯，确实不是谁都能做到的。

池中的白莲和人一样，有其花开就有其花落，花期如此，天命难违。枯荣之间，转首就是一生，本不值得哀伤。

可是，谁怜赏花者的落寞和孤寂。

更何况，那莲本不该凋谢，她的人生还应有很长的路要走，还应有那么多风景等待她观览。长路未央，她却提早结束了这旅程。

五十一岁，毕竟是太早了。五十一年的风华绝代，也真真太少。

可谁知道呢，上天是那么怜惜他的掌上明珠，既不忍她面对后来的诸多苦楚磨难，也不忍人们看到她的枯萎、凋零，硬要将她在开得最美的时候摘下。她留在世人心中的，本应只有最好的。那些鹤发鸡皮、那些蓬头厉齿，统统与她无关。

只是那些留在原地的人是怎样的悲痛欲绝，怎样的痛彻心扉，便全不是上天需要牵心挂怀的了。

天赐一个人那么多已是不易，那完美的贵族家世，那令人眼红的仪态万千，那旁人几辈子修不来的感情……这些都太重太重，凡人的灵魂已经承担不起，于是她才早早离开这笨重的躯壳，化作一个真正的精灵。

其实思成和老金本不用悲伤，更不必效世俗人的啼泣。早有童话诠释了这一切。

天真的孩童得到了直面上天的机会，问了这样一个问题：为什么好人要走得那样早，坏人却活的那么长久呢?

上天给出了这样的答案：每个人都是天堂的天使，享受这无上的自由和容光。可是总有天使犯了错误，就要打下人间去做凡人。

表现好一点的天使呢，因为错误少，所以蒙上天怜惜，早早召回身边。只有顽劣的做了很多坏事的天使，才要惩罚他在人间饱受苦楚，之后才得以回归天堂。

上天的意愿怎能为几个人的心思所改变，纵有再多的哭声和泪水，也无法改变上帝要将她带走的决心。

可是思女心切的上天没法估计的是，多少人的心随着她的一去不返而碎掉，又有多少传说随着她的离去在人口中传唱。

最疼她的人一定是思成，可是最懂她的毕竟还是老金啊——在给她的挽联上，他留下了“一身诗意千寻瀑，万古人间四月天”。

“一身诗意千寻瀑。”是的，她满脑子的奇思妙想，她灵魂中的熠熠闪光，她笔触下的灵动神韵，她开口时的妙语连珠……哪一点，不像是从诗中走出的精灵呢？

更别提她的吐气如兰，她的明眸皓齿，她的雾鬓风鬟……所有的所有，活脱脱就是画上走出的仕女，墙上莲步轻移的飞天。

“万古人间四月天。”南方的四月我们不得而知，可是徽因一直钟爱的北平，四月的天气并不是常人理解的艳日、丰硕与富饶，而是乍暖还寒的。他说她是“四月天”，绝不是单单赞叹她的热烈和耀眼。他一直懂她，他能看透她温暖和煦背后的冷清孤独，这个倔强坚强女子骨子里的终究是羸弱和需要保护的，老金愿意在她需要的时候以最合适的姿态出现，他永远是她最好的保护者，不论她生前，或是死后。

可是无论多少人付出多少感情，多少个不眠之夜的无数祈祷，她终究是去了，世上也再不会有一个林徽因。

「 第五节 」

风华绝代，那岁花开

走了那么久的路，才知道怎样的景色最适宜停留；见过那么多的美人，才知道哪一种最倾国倾城；读过那么多的书，才知道什么样的语句最扣人心弦；品过那么多的美酒，才知道哪一味最能勾引舌尖，醉人心脾。

这千千万万的积累，仿若都是为了一个人做铺垫。只有听闻她的故事之后，才知道什么是世上最美的风景，什么是最一见倾心的人，什么是最动人心弦的诗，什么是最醉人的甘霖。

这样的风姿，你我无缘一见，其憾不下于张爱玲的“人生三恨”。海棠无香、鲥鱼多刺、红楼梦未完……徽因走得又那样早。

可是有些东西是永远不会随着伊人消逝的——她的诗歌，她的设计，她的美……

学术之美，各有其美；美人之美，美美与共。真是说不尽，无穷好。

人说每个女人的一生都是一本书，薄厚不一，有小说诗歌散文，精彩纷呈又各有不同。

她的一生总归是一本诗集，书页间还夹着那一年夏天园中采的白色花瓣，香花已枯，那青春的芬芳却永久不散。书中的每个字都是真、善、美的凝结，娟秀的字里行间，都是她盈盈一笑的影子。

每一首小诗都是她的一个侧面，有懵懂时的娇憨，有恋爱中的羞涩，有钻研时的刻苦，有舒适下的恬美，有逆境中的坚强。

每一首小诗都纪念了她生命中的一个重要人士——爱她的人，她爱的人，如同窗上的一个个剪影一般，被第一场新雪打湿，被暖炉中的热气氤氲，只留下模糊的红色。

可是那模糊确实烙在了心底一般，那么难忘。

难忘呵，思成的心内永远难忘。

那年的春风吹面不寒，春雨湿润了少年少女的心。一个婷婷玉立的仙子带着满身的青春气息走进门来，同他的想象完全不同的靓丽活泼。娇羞一笑时，嘴边的笑靥便拉扯住了他的心。

那是思成几十年不能忘怀的初遇，也是他后来凝视病中的爱妻久了，很容易产生的幻觉——那天真的迷人神采，从未从这面颊上消逝一分一毫。

妻子是自己的好，文章是妻子的好。这个妙人如冰雕玉琢，哪一个角度看去，都是完美无瑕、晶莹剔透的。自己前世是修了怎样的福，得与佳人牵手一生。上辈子一定在佛前长跪不起，青灯古佛下颂了万遍的经，才能换来这执子之手，死生相依。

难忘呵，徐志摩的心内永远难忘。

伦敦的细雨沾衣不湿，夹着些梦幻的花香。水是眼波横，山是眉峰耸，她淡淡的笑清雅幽静，却牵扯着他的每一缕心神。心湖有多深，他全然不顾别的，妻子儿女抛在脑后，他甘愿溺死其中。

得之，我幸；不得，我命。如此而已。

作为一个女人，能够在另一个男子心中留下如此深刻的影子，能够让一个男人为她魂牵梦萦，能够让一个诗人写出那样多情的句子。她和他，如同王尔德笔下的夜莺与玫瑰，他就是那小小的鸟儿，宁愿将胸膛抵着蔷薇树上的刺高歌一夜，只为他的血化作树的血，只愿他的魂化作那比鲜血还红的一朵蔷薇。只为了她能看到花的美，看到他比生命更可贵、比博学还要聪明、比权力更为强大的爱情。

难忘呵，金岳霖的心内永远难忘。

那岁花开，小小的院子中间，斑驳的阳光下，栀子花在微风中吐露着芬芳，空气中吞吐都是花的香气。她就站在花的中间，回眸一笑间，顾盼生辉，满树的花都仿佛在那一瞬间黯淡了颜色。

那是珍藏在金岳霖心底净土的最美好回忆，也是支持他孑然一身走完剩下的路的片段——那个婉约的羞花容颜，在他被泪水浸湿的心底，永远都是花季。

就像是几百年前就已经认识，就像是他们间曾发生过什么故事，就像是林妹妹第一次见宝哥哥。

他骨骼清奇，她弱柳扶风；他秀气温柔，她姣花照水。

他与她第一次见。

她想：这人怎生如此熟悉。

他说："这个妹妹我曾见过的。"

那就是爱了，那一瞬，一闪念。

此后的种种泪水欢笑，不过是前生的债，你痴痴傻傻，我偿完便走。

但那一眼，便都抵了。

每个女孩都是真的向往，哪怕只有一眼，也胜过浑浑噩噩一世。

她的风采，自来都是令男人向往，令女人嫉妒。没有男子不希望得以接近她的芳泽，也没有女子不希望拥有她的才气与爱情……一个人的身上，怎能同时融合了那么多种不同的魅力，怎能让那么多人为之倾倒，想必并不是偶然。

并非只是她的月貌花容——红颜易老，怎能永远靠一副皮来久存于世；并非只是她的几段绯闻——传唱之间，再瑰丽的颜色也终究黯淡……

她的才情，她的倔强，她的不服输，她对梦想的辛苦追逐……每一寸光华都是夺人眼球的绚烂，每一丝明艳都是引人流连的钦佩。

宁不知倾城与倾国，佳人难再得。

合上书本，独自沉静在那样的旖旎中，眼前便浮现出那样一个纤尘不染的白色身影，笑眼弯弯，嘴角轻扬，眉梢眼角说不出的万种风情。

此生注定无缘得见，无缘膜拜那灵性的化身，无缘听闻那薄唇轻启吐出大珠小珠落玉盘的声音。

可是那许许多多的传说，许许多多的书籍资料，许许多多亲人朋友的回忆，许许多多的文字……必然会在每个人心中，树立一朵白莲映水的形象，就像千滴万点的雨，落在地上，终会聚成一汪春水。

有才也好，无才也罢，建筑也好，文学也罢，都是泡影，明晃晃浮现在眼前的，是那个明眸善睐、巧笑嫣然的民初少女，不管经历世事如何变迁，她依旧穿越几十年悠长岁月，出现在你面前，久久不会散去。

于是，每个人心中便都有一个林徽因，每个人梦中也可以得见一个林徽因。

她再也不在，却永远存在于每个人的梦中。

只要你闭上眼。

闭上眼，就能看见。

看见那美景，烟水脉脉，镜面的湖畔弥漫着静谧，远方昏黄的一两点灯光氤氲了整个夜，所有的美好都可以在这里被发酵、被永久铭刻。杨柳依依，长条如旧，和水面的倒影遥遥相望又依依不舍。花树一棵，落英缤纷，水中倒影也在亲近水面，愈近了，愈近了……最终，花瓣在水面相接触，相融合，相消亡。

只要你闭上眼。

闭上眼，就能看见。

林徽因。

林徽因年谱

1904 年 1 岁

6 月 10 日，生于浙江杭州陆官巷住宅，原籍福建闽侯。祖父林孝恂，光绪己丑科进士，历任浙江海宁、石门、仁和各州县官吏，他曾资助青年赴日留学，多次参加孙中山领导的革命运动。徽因父亲林长民，字宗孟，为孝恂长子，1906 年赴日留学，不久回国，在杭州东文学校毕业，后再度赴日早稻田大学，专攻政治法律。林徽因之堂叔林觉民、林尹民均为黄花冈革命烈士。

1909 年 5 岁

迁居蔡官巷一宅院，林徽因随祖父母、姑母等居住此地，由大姑母林泽民启蒙读书。

1912 年 8 岁

林长民在北洋政府任职，居住北京，全家由杭州移居上海，住虹口区金益里，徽因与表姐妹们入附近爱国小学，读二年级，并侍奉祖父。

1913 年 9 岁

林长民被选为众议院议员，任秘书长。母亲何雪媛（1882~1972 年，林长民第二夫人，浙江嘉兴人）带妹妹麟趾（后夭折）去北平，住前王公厂旧居，徽因留沪。林长民与三夫人程桂林成婚，另有一说 1912 年。

1914 年 10 岁

林长民任北京政府国务院参事，全家迁居北京。祖父林孝恂因胆结石症病逝。二娘程桂林生妹燕玉。

1915 年 11 岁

二娘程桂林生弟桓。

1916 年 12 岁

4 月，全家迁居天津英租界红道路，林长民仍留北京。

5 月，林长民去津，又同二娘程桂林回京。秋，举家由津返京。9 月，在梁启超支持下，林长民参加并组织“宪法研究会”。林徽因与表姐们在英国教会办的培华女子中学读书。二娘程桂林生弟恒。

1917 年 13 岁

全家迁居天津，唯徽因留京。后徽因同叔叔林天民至津寓自来水路，诸姑偕诸姊继至。林长民由宁归，独自回京。7 月 17 日，因支持段祺瑞讨伐张勋复辟，林长民被任命为司法总长。8 月，举家由津返京。11 月 15 日，“安福系”崛起，林不再受重视，辞司法总长之职。

1918 年 14 岁

3 月 24 日，林长民与汤化龙、蓝公武赴日游历。家仍居北京南长街织女桥，徽因自信能编字画目录，及父归，阅之以为不适用，颇暗惭。但徽因料理家事，屡得其父褒奖。林徽因认识梁启超之子梁思成。国际联合协会中国分会成立，林长民是发起人之一，任协会总干事，为国联事务常住欧洲、伦敦。

1919 年 15 岁

林长民任巴黎和会观察员，著书立说，抨击亲日派，反对日本承认德国在华权益。二娘程桂林生弟暄。

1920 年 16 岁

春，林长民赴英讲学，林徽因亦随父去读中学。3 月，林长民赴瑞开国联会，由法去英，居阿门二十七号。7 月，林徽因随父到巴黎、日内瓦、罗马、法兰克福、柏林等地旅行，9 月回伦敦，以优异成绩考入 St. Mary′ sCollege（圣玛莉学院）学习。9 月 24 日，徐志摩由美到英。10 月上旬，与在伦敦经济学院上学的徐志摩初次相遇。

1921 年 17 岁

徐志摩与林徽因有论婚嫁之意。林谓必先与夫人张幼仪离婚始可。8 月，徽因随柏烈特全家赴英南海边避暑。林长民独居伦敦。9 月 14 日，租屋期满，因归期延至 10 月 14 日，徽因借住柏烈特家，林长民住他处。10 月 14 日，徽因随父由英赴法，乘“波罗加”船归国。11、12 月间，林长民、林徽因抵上海，梁启超派人接林徽因回北京，仍进培华女中读书，林长民暂居上海。

1922 年 18 岁

在培华女中读书。3 月，徐志摩赴柏林，经金岳霖、吴经熊作证，与张幼仪离婚。春，林徽因、梁思成婚事“已有成言”，但未定聘。9 月，徐志摩乘船回国，10 月 15 日抵达上海，不久北上来京，林、徐暂告不欢。二娘程桂林生弟垣。

1923 年 19 岁

在培华女中读书。春，新月社在西单石虎胡同七号成立，林长民、林徽因等参加并祝贺。5 月 7 日，梁思成带梁思永骑摩托车去追赶“国耻日”游行队伍，至南长街口被一大轿车将左腿撞断，住协和医院。彼时林徽因到医院探望。7 月出院后，留下终身残疾。林长民任宪法起草委员会委员，他在沪参与反直运动。林徽因经常与表姐王孟瑜、曾语儿参加新月社俱乐部文学、游艺活动，但她不是正式成员。林徽因毕业于培华女中，并考取半官费留学。

1924 年 20 岁

4 月 23 日，印度诗哲泰戈尔来华访问，在日坛草坪讲演，林徽因搀扶上台，徐志摩担任翻译。文载：“林小姐人艳如花，和老诗人挟臂而行，加上长袍白面，郊荒岛瘦的徐志摩，犹如苍松竹梅的一幅三友图。”一时成为京城美谈。

5 月 8 日，为庆祝泰戈尔先生六十四岁生日，林徽因、徐志摩等在东单三条协和小礼堂演出泰翁诗剧《齐德拉》，林徽因饰公主齐德拉，徐志摩饰爱神玛达那。林长民饰春神代塔森，梁思成担任布景。演出前，林徽因饰一古装少女恋望“新月”，以示新月社组织的这场演出活动。泰戈尔在京期间，由林徽因、徐志摩等陪同，前往拜会了溥仪、颜惠庆。

6 月，林徽因、梁思成、梁思永同往美国留学。林选户外写生和高等代数；梁选水彩静物画、户外写生和三角。9 月，结束康校暑期课程，林、梁同往宾夕法尼亚大学就读，梁进入建筑系，因建筑系不收女生，林改入该校美术系。同月，梁思成母亲李惠仙病故。

1925 年 21 岁

在宾大学习。1 月 18 日，林徽因与闻一多等在美参加“中华戏剧改进社”。

11 月 22 日，郭松龄在滦州倒戈反奉，通电张作霖，林长民受邀为“东北国民军”政务处长。

12 月 24 日，郭部兵败，林长民被流弹击中，死于沈阳西南新民屯，年 49 岁。

1927 年 23 岁

9 月，林徽因结束宾大学业，获得学士学位，下半年转入耶鲁大学戏剧学院，在 G · P · 贝克教授工作室学习舞台美术半年。同年，梁思成以硕士学位毕业于宾夕法尼亚大学建筑系。在 1926~1927 年两年中，林被聘为建筑系兼职建筑设计助理教师和美术系兼职设计指导教师。

12 月 18 日，梁启超在北京为梁思成、林徽因的婚事“行文定礼”。

1928年24岁

3月，结束舞美学业。3月21日，林徽因与梁思成在加拿大温哥华姐姐家结婚。之后按照其父梁启超的安排，赴欧洲参观古建筑，于8月18日回京。

9月，梁思成、林徽因受聘于东北大学建筑系，分别为主任、教授。林徽因回福州探亲，受到父亲林长民创办的私立法政专科学校同仁欢迎和宴请。

12月，梁启超病重住院，梁思成、林徽因赶赴北京。

1929年25岁

1月19日，梁启超病故，梁思成、林徽因为其父设计墓碑。

3月，梁思成、林徽因与陈植、童寯和蔡芳荫营造事务所，并出色地完成了对吉林大学校舍的建设任务，声名大振。后来又与梁思成共同设计辽宁锦州交通大学分校，后来毁于战争。

8月，林徽因从东北回到北平，在协和医院生下其女儿，取名再冰，意为纪念故父梁启超“饮冰室”书房雅号。

是年，张学良出奖金征东北大学校徽图案，林徽因设计的“白山黑水”图案中奖。

1930年26岁

秋，徐志摩到沈阳，劝林徽因回北平治病。12月，林徽因肺病日趋严重，协和医院大夫建议到山上静养。

1931 年 27 岁

3 月，梁思成、林徽因应朱启钤聘请，离开东大，到中国营造学社供职。梁任法式部主任，林为“校理”。

5 月，林徽因到香山双清别墅养病。先后发表诗《那一晚》、《谁爱这不息的变幻》《仍然》《激昂》《一首桃花》《山中一个夏夜》《笑》《深夜里听到乐声》《情愿》及短篇小说《窘》。

9 月，林徽因病愈下山。

11 月 19 日，林徽因在协和小礼堂为驻华使节讲中国古代建筑。同日，徐志摩为听林徽因学术报告，雾天乘机触济南党家庄开山身亡。

11 月 22 日，林徽因、梁思成得悉徐志摩坠亡，即以铁树、白花编制小花圈，梁思成随金岳霖、张奚若赶到徐遇难处处理后事。同月，由林徽因等主持，在北平为徐志摩举行追悼活动。12 月 7 日，发表散文《悼志摩》。

1932 年 28 岁

元旦、正月初一，分别两次致胡适信。

6 月中旬，林徽因再次到香山养病。夏，林徽因、梁思成去卧佛寺、八大处等地考察古建筑，并发表《平郊建筑杂录》《论中国建筑之几个特征》。

7 月至 10 月，作诗《莲灯》《别丢掉》《雨后天》。

8 月，子从诫生。意为纪念宋代建筑学家李诫。在一次聚餐时林徽因结识美籍学人费正清、费慰梅夫妇。

1933年29岁

林徽因参加朱光潜、梁宗岱举办的文化沙龙，每月集会一次，朗诵中外诗歌和散文。秋，林徽因与闻一多、余上沅、杨振声、叶公超等筹备并创办了《学文》月刊。

9月，林徽因同梁思成、刘敦桢、莫宗江去山西大同考察云冈石窟。

10月7日，在天津的《大公报》发表散文《闲谈关于古代建筑的一点消息》。

11月，林徽因同梁思成、莫宗江去河北正定考察古建筑。11月18日，发表诗《秋天，这秋天》。同月，林徽因请萧乾、沈从文到北总布胡同谈《蚕》的创作。

12月，作诗《忆》。

1934年30岁

1月，中国营造学社出版梁思成的《清式营造则例》一书，林徽因为该书写了《绪论》。

2月、5月，发表诗《年关》《你是人间的四月天》，小说《九十九度中》。年初，为叶公超主编的《学文》月刊一卷二期设计了富有建筑美的封面。夏，林徽因、梁思成同费正清夫妇、汉莫去山西汾阳、洪洞等地考察古建筑，发现古建筑40余处。

9月5日，发表散文《窗子以外》。

10月，林徽因、梁思成应浙江建设厅邀请，到杭州商讨六和塔重修计划，之后又去浙南武义宣平镇和金华天宁寺做古建筑考察。途径砭石，为悼念徐志摩，作诗《别丢掉》。

1935年31岁

梁思成、林徽因建筑事务所完成北京大学学生宿舍设计。

3月，林徽因与梁思成合著《晋汾古建筑预查纪略》一文。23日，两人联合在《大公报·艺术周刊》发表了《由天宁寺谈到建筑年鉴的鉴别问题》。

6月，发表诗《吊玮德》，短篇小说《模影零篇：一、钟绿，二、吉公》。

10月，作诗《灵感》《城楼上》。

11月19日，发表散文《纪念志摩去世四周年》。

为避免与当时另一位作家林微音混淆，将原名林徽音改名林徽因。

冬，林徽因经常与费氏夫妇到郊外练习骑马。

1936年32岁

1月至11月，发表诗《深笑》《静院》《风筝》《记忆》《无题》《题剔空菩提叶》《黄昏过泰山》《昼梦》《八月的忧愁》《冥思》《空想外四章》《过杨柳》《静坐》；散文《蛛丝和梅花》《究竟怎么一回事》；短篇小说《模影零篇：三、文珍》。

5月28日，林徽因、梁思成等去河南洛阳龙门石窟、开封及山东历城、章邱、泰安、济宁等处作古建筑考察。

9月，担任《大公报》文艺作品征文评委。

10月，在《平津文化界对时局的宣言》中，向国民党当局提出抗日救亡八项要求，林徽因为文艺界发起人之一，并在宣言上签名。

是年，选编《大公报文艺丛刊小说选》并为之作序。

1937 年 33 岁

1 月至 7 月，发表诗《红叶里的信念》《十月独行》《时间》《古城春景》《前后》《去春》；话剧《梅真同他们》；短篇小说《模影零篇：四、绣绣》。任朱光潜主编的《文学杂志》编委。林徽因、梁思成应顾祝同邀请，到西安做小雁塔的维修计划，同时还到西安、长安、临潼、户县、耀县等 19 处作古建筑考察。

7 月，林徽因同梁思成、莫宗江、纪玉堂赴五台山考察古建筑，林徽因意外地发现榆次宋代的雨花宫及唐代佛光寺的建筑年代。

7 月 12 日，林徽因一行到山西代县，得知发生“卢沟桥事变”，于是匆匆返回北平。

8 月，林徽因一家从天津乘船去烟台，又从济南乘火车经徐州、郑州、武汉南下，9 月中旬抵长沙。

11 月下旬，日机轰炸长沙，林徽因一家险些丧生。不久，他们离开长沙，经常德、晃县、贵阳、镇宁、普安、曲靖到昆明。

1938 年 34 岁

1 月，林徽因一家住昆明翠湖前市长巡律街住宅，不久，莫宗江、陈明达、刘志平、刘敦桢也到昆明，经与中美庚款基金会联系，组建营造学社西南小分队。作诗《昆明即景：一、茶铺，二、小楼》。

是年，为云南大学设计学生宿舍。

1939 年 35 岁

年初，因日机轰炸，林徽因一家搬至郊区龙泉镇麦地村。梁思成患脊椎软骨硬化症。在林徽因的照料下，病情逐渐好转。

2 月 5 日，发表散文《彼此》。

6 月 28 日，发表诗《除夕看花》。

冬，梁思成、刘敦桢等去云南、四川、陕西、西康等地作古建筑考察。

1940 年 36 岁

初冬，营造学社随史语所入川，林徽因一家亦迁四川南溪县李庄镇上坝村。

不久，林徽因肺病复发，从此抱病卧床四年。

1941 年 37 岁在李庄镇。

春，三弟恒在对日作战中身亡。

1942 年 38 岁在李庄镇。

春，作诗《一天》。梁思成接受国立编译馆委托，编写《中国建筑史》，林徽因为写作《中国建筑史》，抱病阅读《二十四史》，作资料准备。她写了该书的第七章，五代、宋、辽、金部分，并承担了全部书稿的校阅和补充工作。

11 月 4 日，费正清、陶孟和从重庆溯江而上，去李庄看望林徽因、梁思成。

1944 年 40 岁在李庄镇。

作诗《十一月的小村》《忧郁》《哭三弟恒》。费慰梅到李庄访问林徽因。

1945 年 41 岁在李庄镇。

8 月，日本侵略者宣布无条件投降。梁思成陪林徽因到重庆检查身体，大夫告诉思成，徽因将不久于人世。

1946 年 42 岁

2 月，林徽因在费慰梅陪同下乘机去昆明拜会西南联大校长梅贻琦，梁思成建议清华大学增设建筑系，住唐继尧后山祖居一座花园别墅，与张莫若、钱端升、金岳霖等旧友重聚。8 月，同西南联大教工由重庆乘机返回北平。为清华大学设计胜因院教师住宅。

10 月，梁思成应聘赴美耶鲁大学做访问教授。

11 月 24 日，发表散文《一片阳光》。作诗《对残枝》《对北门街园子》。

1947 年 43 岁

春，林徽因带头并组织工艺美术设计组，接收外校的设计任务，以解决学生经济负担问题。

夏，饱经欧战浸染的萧乾，由上海来清华园探望林徽因，二人长谈七年来各自的经历。作诗《给秋天》《人生》《展缓》《病中杂诗 · 小诗（一）、小诗（二）、写给我的大姊、恶劣的心绪》。

12 月，做肾切除手术。

1948 年 44 岁

2 月 18 日，作诗《我们的雄鸡》。

2 至 5 月，发表诗《空虚的薄暮》《昆明即景》《年青的歌》《病中杂诗九首》、《哭三弟恒》。

11 月，国民党当局迫使北平高校南迁。清华园展开反迁校斗争，林徽因说："我们不做中国的'白俄'。"大军攻城前夕，张奚若带两名解放军到林徽因家，请梁、林划出保护古建筑目标，为此深感新政权对他们的信任。

1949 年 45 岁

北平解放，林徽因被聘为清华大学建筑系一级教授。担任《中国建筑史》课程并为研究生开设《住宅概论》等专题课。

2 月，百万大军挥师南下，应解放军之请，林徽因与梁思成等编印《全国重要文物建筑简目》。

春，送女儿再冰参加南下工作团。

9 月，政协筹委会决定把国徽设计任务交给清华大学和中央美院。清华大学由林徽因、李宗津、莫宗江、朱畅中等七人参加设计工作。

1950 年 46 岁

6 月，经过三个多月的努力，清华大学和中央美院设计的国徽图案完成并在中南海怀仁堂评选，经周总理广泛征求意见，清华小组设计图案以布局严谨、构图庄重而中选。

6 月 23 日，林徽因被特邀参加全国政协一届二次会议。

9 月 30 日，中央人民政府主席毛泽东发布国徽图案命令。是年，林徽因被任命为北京市都市计划委员会委员兼工程师，提出修建“城墙公园”设想。是年，妹燕玉故。

1951 年 47 岁

是年，梁思成、刘开渠主持设计人民英雄纪念碑，林徽因被任命为人民英雄纪念碑建筑委员会委员，抱病参加设计工作，与助手关肇邺一起，经过认真推敲，反复研究，终于完成了须弥座的图案设计。

是年，她与梁思成为《城市计划大纲》作序。

是年，在她的指导下，王其明、茹竟华完成了《圆明园附近清代营房的调查分析》。

1952 年 48 岁

5 月，为迎接即将到来的建设高潮，林徽因、梁思成翻译了《苏联卫国战争被毁地区之重建》一书，并由上海龙门书局印行，为国家建设提供了借鉴。应《新观察》杂志之约，撰写了《中山堂》《北海公园》《天坛》《颐和园》《雍和宫》《故宫》等一组介绍我国古建筑的文章。

是年，为挽救濒于停业的景泰蓝传统工艺，抱病与高庄、莫宗江、常莎娜、钱美华、孙君莲深入工厂做调查研究，并设计了一批具有民族风格的新颖图案，为“亚洲及太平洋区域和平会议”“苏联文化代表团”献上一批礼品，深受与会人员欢迎。

是年，参加中南海怀仁堂内部装修工作。

是年，与梁思成完成任弼时墓设计。

1953 年 49 岁

10 月，成立中国建筑学会，林徽因当选为建筑学会理事、中国建筑委员会委员；并任《建筑学报》编委。被邀参加第二届全国文代会，美术家协会的报告上，林徽因和清华小组挽救景泰蓝的成果，获得了充分肯定和高度评价。

1954 年 50 岁

是年，与梁思成、莫宗江合写《中国建筑反发展的历史阶段》。

6月，林徽因当选为北京市人民代表大会代表。这一年，她的身体极为虚弱，经常卧床。她所担任的《中国建筑史》课程，几乎一大半是躺在床上讲授的。

秋，林徽因不抵郊外风寒，由清华园搬到城里去住。不久，因病情恶化住同仁医院。

1955年51岁

4月1日6时，病逝于北京同仁医院。

4月2日，《北京日报》发表讣告，治丧委员会由张奚若、周培源、钱端升、钱伟长、金岳霖等13人组成。

4月3日在金鱼胡同贤良寺举行追悼会，遗体安放在八宝山革命公墓。墓碑上刻着“建筑师林徽因墓”。